青春期心理成长知识星球

人际关系和社会适应

吕剑晨　张　碧　何佐钦　周芸婷　黄　莹/著

中国妇女出版社

图书在版编目（CIP）数据

青春期心理成长知识星球 ：人际关系和社会适应 / 吕剑晨等著. -- 北京 ：中国妇女出版社，2024.1（2024.6 重印）
ISBN 978-7-5127-2342-9

Ⅰ.①青… Ⅱ.①吕… Ⅲ.①青春期－心理健康－健康教育 Ⅳ.①G444

中国国家版本馆CIP数据核字（2023）第216625号

责任编辑：赵　曼
封面设计：末末美书
插　　画：至善奥博—乌鸦
责任印制：李志国

出版发行：中国妇女出版社
地　　址：北京市东城区史家胡同甲24号　　邮政编码：100010
电　　话：（010）65133160（发行部）　　65133161（邮购）
网　　址：www.womenbooks.cn
邮　　箱：zgfncbs@womenbooks.cn
法律顾问：北京市道可特律师事务所
经　　销：各地新华书店
印　　刷：小森印刷（北京）有限公司

开　　本：150mm×215mm　1/16
印　　张：11.5
字　　数：100千字
版　　次：2024年1月第1版　　2024年6月第2次印刷
定　　价：49.80元

前言

“如何让自己成为一个受欢迎的人？”“为什么长大后朋友反而变少了？”“父母总是不理解我，我该怎么办？”……上述这些困扰都离不开我们对于“关系”的思考和感受。与人建立和维护一段良好关系是非常重要的能力，拥有亲密、稳定的关系能让我们感到坚定和幸福，在遇到困难的时候也会被理解和支持。

在和他人的关系中，我们会苦恼怎么安慰失落的好友，会迷茫怎么应对不喜欢的绰号，会纠结要不要对喜欢的异性表白，会期待父母给予我们更多的理解。这些感受都很正常，它们像信号一样，提醒我们在人际交往中接受彼此最真实的样子。在青春期，友谊发挥着陪伴、肯定、鼓励、亲密等不可替代的功能。这个阶段，我们会格外重视与同伴的关系，因为和朋友在一起我们会感受到信任和安全。

在和社会的关系中，我们会捍卫追星的自由，懊恼被手机偷走的时间，愤怒“键盘侠”的存在，防备无处不在的网络诈骗……这些都是我们走向社会必经的考验。我们正是在摸索中培养应对变化与挫折的能力，积累作为“社会人”的成功经验。

本册《青春期心理成长知识星球——人际关系和社会适应》聚焦“人际交往”“同伴关系”与“社会适应”三大主题，每篇文章都从一个相关的驱动性问题出发，引入与你同龄的林子宸与宋语昕的成长故事，通过走心实用的方法与简单易行的练习，与你一起探讨青春谜团、共赴成长之路。

愿我们在不断的发问、思考与行动中，见证青春的力量与奇迹！

“人际‘通行证’”内容介绍

这部分主要聚焦“人际交往”。青春期的我们因为身心发生巨大变化，与身边人的关系也发生了实质性的变化，我们很关注别人如何看待自己，渴望自己受人欢迎，担心被拒绝，同时也承受着同伴带来的压力。个人同理心的发展让我们看到每个人都渴望被尊重、被爱，冲突的出现让我们很困扰，但透过冲突能看到彼此真实的样子，看到人际关系的各种可能性。通过这一部分内容，你会学到：比起试图改变他人，更重要的是理解他人；与人相处中懂得分寸感，守住边界感，保护自己也尊重他人；在力所能及的情况下适当帮助别人，必要的时候可以寻找外援。

“青春‘好作伴’”内容介绍

这部分主要聚焦“亲密关系”。青春期的我们，心理和生理方面迅速发展，我们需要从过去习惯的父母所给的安全感中走出来，在家庭之外寻找另外的亲密关系，同伴成为我们的重要他人。我们还会对异性产生好奇，并且在与异性相处中感到无措或者冲动。没有关系，困难的出现正是在帮助我们培养感受爱、表达爱的能力。通过这一部分内容，你会学到：用科学的眼光看待同伴数量与质量的变化、与异性关系的变化；用友善的态度面对和父母“心理上的断乳”，减少和父母的争吵。

“社会‘万花筒’”内容介绍

这部分主要聚焦“社会适应”。青春期，我们走出家庭，走向社会，如何融入成人社会是个巨大的挑战，好在我们充满了对新鲜事物的好奇心和冒险精神。我们会追随新的偶像，提升对世界的认知，我们可能会因为不熟悉规则而碰壁，可能会在追随他人的过程中迷失自我，也可能会在网络中遇到恶意与伤害，应对这些过程会让我们获得宝贵的经验、强大的自信和生存的智慧。通过这一部分内容，你会学到：理智追星，远离电子产品成瘾，在网络中识别危险、保护自己，探索应对变化的有效策略，寻求处理问题的多元方法。

人物介绍

林子宸

从未碰面的朋友们，你好！我叫林子宸，你可以称呼我为子宸。我是一名阳光开朗的男孩，今年已经上初一啦！我对人热情友善，总是尽力去理解他人。我觉得学习是一件挺有趣的事，尤其是在我能顺利解决难题时。我喜欢交朋友，也热爱各种运动，特别是篮球。

我有着强烈的集体荣誉感，无论是在学习还是生活中，我都愿意为团队的成功付出努力。我对世界充满好奇，家里有许多百科全书、推理解密类书籍，我喜欢挑战自己的思维。

我擅长的科目是数学，我热衷于解决各种数学问题。不过，有时候我会有些粗心，上课偶尔也会分心，毕竟你也知道，人无完人嘛！

总体来说，我是一个热爱学习、喜欢交友、对世界充满好奇的男孩。我始终相信，只要我努力，就能克服任何挑战，实现自己的梦想。

宋语昕

从未碰面的朋友们，你好！我叫宋语昕，我还有一个昵称叫宋宋。我是一个安静的女孩，今年也上初一，和林子宸同班。我喜欢想象，常常幻想未来。对于现在，我习惯把事情安排得井井有条，有自己的时间安排表。我不怎么广交朋友，只有几个特别要好的闺密。

在家里，我喜欢听歌、看电视剧。我还有自己正在追的偶像，收藏了很多偶像的照片。通过粉丝群，我还认识了不少网友呢。

在我的书柜里放着一些小说、漫画书和散文、诗歌集。我很擅长语文，作文常常被老师当作范文。

上了初中以后，我发现自己有了很多变化，身边的同学们也变得不太一样了，这让我感到很好奇。

总体来说，我是一个喜欢想象、内心有一个小小世界的女孩。我相信，足够的专注和努力，就能够让我成为更好的人。

目录 CONTENTS

Part 1 人际“通行证”

Part

1

人际“通行证”

1 被喜欢的秘密

如何让自己成为一个受欢迎的人？

你的身边一定有这样的同学：他们热情洋溢、待人友善，深受老师和同学们的喜欢。他们像夏日酷暑中最甜的那一勺西瓜，像落日晴空里最令人舒适的那一抹晚霞。你常常看到他们在大大小小的活动中忙碌的身影，在绚烂多彩的舞台上发光的模样。如果班级里要选举“三好学生”，他们虽然不一定是学习成绩最优异的，但肯定榜上有名。为什么他们如此受欢迎？我该怎么做才能成为一个受欢迎的人？

“大家好！我叫林子宸，这一次我想竞选的职位是班长……”在初一（2）班第一节班会课上，林子宸发表了自己的班长竞选宣言，但遗憾的是，他以极大的劣势败给了另外一位男生。

当老师问起，为什么同学会把票都投给现在的班长时，有同学一边回忆一边说："在军训比赛时，我们小组多亏了班长才获得第一，我觉得他组织能力特别强。"还有同学说："我来到新教室时凳子是坏的，班长帮我找老师换了一个新的。""他上课回答问题特别积极。"……大家你一言我一语地夸赞着班长，就连林子宸也想起了军训时班长给他打过一次热水。想到这，林子宸对班长心服口服。

如果让你回忆印象中最受欢迎的人，你的第一反应是谁？这个人可能因为多才多艺而受欢迎，就像我们喜欢的明星一样，在属于他的舞台上闪闪发光；也可能因为成绩优异而受欢迎，"学霸"的光环总会让人尊敬。但美国心理学家凯利通过研究发现，"待人热情"才是受欢迎的根本原因之一。

凯利做了这样一个实验：班里即将迎来一位新同学，其中一个老师介绍他是一位聪明、勤奋、热情、实干、谨慎的同学，另一个班老师在介绍这位同学时将“热情”替换成了“冷酷”，其他描述词不变。这位同学在两个班级分别做了简单互动后离开，接下来老师要求大家写出对新同学的印象。尽管该同学在两个班做的事情相同、说的话相同，但介绍时描述他为“热情”的班，要比描述为“冷酷”的班给予该同学更为积极的评价。

研究者又将“聪明”“勤奋”等描述性词语替换成相应反义词，发现都未达到“热情—冷酷”所造成的效果，因此得出结论：热情是影响他人对自我形成积极印象的中心品质。

这个心理学实验告诉我们，如果你想在初次见面时就给人留下好印象，你最好表现得热情洋溢，这样会使你更受他人喜欢。

在人际交往中，我们固然会喜欢那些外貌好看、有才华的人，但事实上，一个人良好的个性品质会产生更稳定、更持久的人际吸引。“热情”是其中一种吸引人的品质。

除此之外，心理学家还发现：具有真诚、诚实、可靠、体贴、幽默、宽容等品质的人，会更受大家的欢迎。所以，我们其实可以将“我是一个受欢迎的人吗？”这个问题替换成“我是一个热情、真诚、诚实、可靠、体贴、幽默、宽容的人吗？”。如果答案是否定的，那么未达成的方面就是我们未来努力的方向。

你现在明白林子宸在竞选班长时为何会落选了吧？因为竞选成功的班长用实际行动展现出了他闪光的品质：在小组组员眼里，他值得信任、可靠，能带领小组成员团结一致，取得比赛最终的胜利；在新同学眼里，他乐于助人，能够热心地帮助新同学解决问题；在老师眼里，他上课积极踊跃，做事认真负责。如此看来，这样一位优秀的同学，被人喜欢也就可以理解了。

当然，“好人缘”的秘密不止于此。美国著名作家马克·吐温曾说：“一句称赞肯定的话，可以让我多活两个月。”对他人的赞许和肯定，是你赢得他人好感的宝贵礼物。

不仅是朋友、同学之间，哪怕是面对陌生人，如果我们能适时地表达自己对他人的肯定，都会让我们之间的关系更加融洽。

假如你是一位面试官，下页图中的这位男子前来面试模特，你会如何评价他的外貌？可能你会说：

“你的体形过于肥壮。”

“你的脸没有特色，头发还乱得像鸡窝。”

“你的穿着较为朴素，缺乏明星的气质。”

……

假如你是这位前来面试模特的男子，对于上述评价你有何感受？如果用数字 1 ~ 5 来表示你对该评价的愉悦程度，数字越大代表越愉悦，你会给这些评价打几分？你又会对该面试官有何看法呢？

我们一起听一听真实面试官是如何讲的：

“你有着不错的特色，胡子、宽大的肩膀等。虽然不一定适合走高端路线风，但是在一些家装建材店或者卡车市场，你将是一位不错的模特。”

比较前面假设的评价与面试官的评价，你有何感受？对于真实面试官的评价你会打几分呢？大家可以很容易地发现两者的区别：前者只是指出了该男子在体形和穿衣风格上的不足；后者则对该男子的外貌给予了肯定，并给出了适合他表现场所的建议，这就是一种对他人的赞许和肯定。虽然该面试官知道面试男子的诸多缺点，但是他依旧能基于面试男子的现有特色而给出合适的建议。

“良言一句三冬暖，恶语伤人六月寒。”在日常生活中，我们也应当学会对他人表达赞美，用“高情商”的肯定去替代“低情商”的指责。

当你赞许别人时，你赞许得越具体越有效果。比如，妈妈问你：“我今天好看吗？”相比于简单的“好看”这一回答，你可以更具体地赞美她：“好看，今天的裙子特别适合你。”“你今天真好看，我很喜欢你上衣的颜色。”“妈妈真漂亮，如果你再别个发卡就更好了。”等等。

对别人的细节予以称赞，会让对方感受到你的在意和关注，这是对他极佳的肯定。

真诚地赞美对方，不仅会给对方带来愉悦，更会让你们之间的关系愈加融洽。虽然受欢迎的人不一定都是讲话好听的人，但只是一句赞美的话，就能让对方感受到你支持的力量。从细小的事情开始留意，多一些肯定，让美好的“三冬暖”温暖你和你的朋友吧！

“肯定”练习室

理解了“肯定”的意义，我们就需要在日常生活中表达对他人的“肯定”。你可以试着将父母、朋友当成你练习“肯定”的对象，写三句肯定他们的话语。

记住，肯定的内容越具体越好。如果你不知道怎么写，可以参考下面的话语。

①你的发型 / 眼睛 / 笑容真好看。

②你是一个很……的人。

③你在做……的时候总是很用心。

④我发现你……很特别。

⑤如果你想……，我觉得很好，可以支持你。

⑥我记得你做过……，让我很感激，非常谢谢你。

⑦因为你……，我变得……，谢谢你。

⑧你身上……，是我想学习的地方。

受欢迎的积极行动

在本篇中，我们一起了解了受欢迎的“积极品质”：热情、真诚、诚实、可靠、体贴、幽默、宽容等。

请在上面任选一个你觉得自己缺乏的品质，然后围绕该品质写出三个可以去实施并提高该品质的行为。比如，关于“热情”品质，我可以这样去做：今天主动、热情地和同学打招呼、积极参与志愿活动等。

2 大家比你想象中更愿意伸出援手

为什么我很害怕向别人提出请求?

我们面对某个难题时，既想寻求他人的援助，又担心麻烦别人。有时明明就是一个小小的请求，是别人举手之劳的事情，我们也会考虑很久。这是为什么呢？

无论在学习还是生活中，对别人提出的帮忙请求，宋语昕都义不容辞地答应。“语昕，能教教我这道数学题怎么做吗？”“语昕，今天我来不及值日了，你能跟我换一下吗？”“语昕，能不能……”面对朋友的请求，宋语昕都会很大度地对朋友伸出援手。但是她在自己需要别人帮忙的时候，却总是很不好意思开口，生怕这个请求会给别人带来麻烦。哪怕别人答应了，自己也会觉得很不自在，总觉得是欠了别人一份很大的人情，总想着要找个机会表达感激。

有时明明就是一个很小的请求，是别人举手之劳的事情，我们也会有很多的担心。我们会担心自己提出的请求是过分的，会给别人带来麻烦，这可能是因为在我们过往的经历中，很少有被鼓励发出声音的机会。

在小婴儿还不会说话的时候，他会通过哭闹来表达需要抱/喝奶/睡觉，如果他的需求被及时看到和满足，他就会建立起对世界最原始的认识：这个世界是善意的，我的声音会得到回应。

我们在成长的过程中，经常听到类似“自己的事情自己做”的声音。这些话语是出于对我们的锻炼和保护，但也会让我们产生类似“寻求别人帮助是不是就代表我没用/我懒”“如果我开口了，别人会不会看不起我”的想法。我们也可能有过提出请求却被拒绝的经历，当时觉得好丢人，或者别人真的不愿意帮助自己。最后连一句“说话声音可以轻一些吗”都说不出口，只能逼着自己勇敢，逼着自己应对。

“提出请求”是每个人都需要掌握的重要技能。你练习得越多，越容易克服心理负担，进而传递友善，也享受友善。

独立确实很酷，但一个人前行的路上，如果能合理“提出请求”，难过的时候可以找人倾诉，犹豫的时候可以找人分析，遇到困难的时候可以找人帮忙。有时候你需要的帮助真的很小，只是一个拥抱、一句建议或者一个方法。其实这些不会给别人带来麻烦或者负担，却可以让自己更加节约时间和精力，在疲惫中透透气。这份来自他人的帮助也能助你走得更远。

为什么你会答应朋友的请求，并且尽力去提供帮助？因为在你心中，这个朋友很重要，朋友的请求传递着对你的信任，你的答应传递着对朋友的支持。在“提出请求—回应请求”的过程中，我们也收获了友善和幸福。

研究表明，我们常常认为别人会拒绝自己的请求，而事实并非如此，大多数人都愿意成为一个友善大方的人，都愿意在力所能及的范围内答应别人的请求、提供必要的帮助。

也许，一件事情已经困扰了你一段时间，你急切地想打开不一样的局面，可是自己无论如何都做不到（我们得承认自己不是神，不可能样样完美）。如果继续一个人琢磨，可能既浪费时间又没有效果。而借助别人的帮助、尝试不同的方法，可能让你离目标更近。所以，勇敢地给自己加油打气，向身边的人发出求助信号吧！你可以向父母、老师、朋友，或者之前你曾经帮助过的人，甚至是之前拒绝过你的人（拒绝一次不代表会拒绝第二次）发出求助信号。

提出请求时，要注意时间和方式。要寻找一个合适的时间，最好不要在大家很匆忙的时候。如果是很小的事，可以通过小纸条进行传递。如果你觉得这件事比较复杂，没法儿通过简短的话语讲清楚，就可以当面聊一聊，因为我们的表情、肢体能传递更多的信息。

如果你不知道怎么开场，可以从称呼开始，呼喊对方的名字/称谓/昵称/小名，哪怕是“嗨”，也能快速打破沉默、拉近距离。我们面对长辈或者关系没那么亲近的人时，可以礼貌客气一些，先说“不好意思”“对不起，要麻烦你了”“打扰你了，很抱歉”……

提出请求时，直接表明自己的想法。有的人不好意思明说，会用暗示的方法，如“教室里太闷了”，这会让对方不知道如何回应。相比暗示，不如直接表明：“教室里太闷了，可以打开窗户吗？”对方能清晰地了解到你现在的情况及具体可以帮你做些什么。“你最近数学进步好大呀，真佩服你，我想请教你一下这道题，可以帮我看看吗？”在提出请求前，先送上真诚的赞美，能让对方更愿意听你接下来的话。

要注意的是，不要把“要求”当成“请求”。

A：你要出去吗？把作业给我交了。

B：你是在命令我？

A：不是不是，我是在求你，哈哈。

B：那重新说。

A：亲爱的晨晨，可以帮我交一下作业吗？

B：现在就去，哈哈！

可以看出，对话中的两位同学关系比较亲密，所以B会在感觉被“命令”的时候说出自己的不舒服。但如果对方是关系没那么亲近的人，可能结果就是下意识地拒绝或者推托。

请求的句子一般包含“可不可以”“愿不愿意”“请”“如果你方便的话”……带有一种“如果你没空也没关系”的态度，而“要求”的表达中总是传递着“你一定要这么做”这种较为强硬的态度。

担心遭到拒绝的话，可以提前想好两种方案，给对方选择的空间。“我下周要出去郊游，可以用一下你的相机吗？不行的话，手机也行。”如果你也不知道对方可以提供什么帮助，可以直接表达自己的无措：“我现在遇到了……糟糕透了，我该怎么办？”

研究发现，流露情感的表达，如“我真的好苦恼”“还好有你”“你真的太好了”能够更好地激发情感共鸣、促进交流。

被拒绝也没关系。当你好不容易鼓起勇气提出请求，而对方没有回应，甚至直接拒绝的时候，你会有挫败感或者其他糟糕的感觉，没有关系，这在人际交往中是很常见的现象。我们要给自己提出请求的这个行为点个大大的赞，同时也要记得关心一下对方，可能对方真的没有时间或没有能力帮忙，又或者对方也面临困难。

一句关心，不仅能化解尴尬，而且能传递“就算你拒绝了，我们也依然能友好相处”的态度。接下来你还可以继续向其他人提出请求。别忘了，这一次你更有经验也更有底气啦！

如果对方答应了你，要记得及时表达感谢。你可以说谢谢，也可以有一些体贴的行动，如送一张感谢卡、买一杯奶茶等。

另外，你也可以观察生活中和电视里那些成功的请求，积累更多表达请求的词语和句子，直到能够鼓起勇气大方地表达请求！

区分“请求”和“要求”

下面不同的情景中，哪一句是请求？哪一句是要求？请在请求的句子后面打钩。

（1）当我来不及值日

A.“我合唱团还有训练，如果你方便的话，能不能这次帮我值日？下次我替你！”（　　）

B.“帮我值日吧，上次我也帮你了！”（　　）

（2）当我错过了老师布置的作业

A.“老师刚刚布置了什么作业，你可不可以告诉我一下？”（　　）

B.“快和我说说老师刚刚讲了什么，我没听到。”（　　）

点评：（1）A是请求；（2）A是请求

“请求”练一练

“提出请求”是一项可以通过练习来提升的能力。

请你想一想，你最想练习自己在哪些时刻提出请求的能力，并写一写。试着运用本文中的技巧完成挑战吧，加油！

①（考试时忘记带笔）的时候，我会向（同桌）提出请求：

____。

②（　　　）的时候，我会向（　　　）提出请求：

____。

③（　　　）的时候，我会向（　　　）提出请求：

____。

3 抱歉，不能答应你

我想拒绝朋友的请求，但又担心他会生气

在与朋友相处的过程中，我们很有可能遇到一些让人为难的时刻。比如：朋友邀请你周末一起去逛街，但是你当天恰好有其他安排；朋友想抄你的作业，但是你害怕被老师批评。

面对朋友的请求，特别是让你觉得不合理的请求，一方面你很想拒绝，另一方面却又担心拒绝会让对方生气，甚至担心会伤害到彼此之间的感情，从而让自己陷入左右为难的境地。那么，在不伤及感情的前提下，如何委婉、友善地拒绝朋友的请求呢？

马上就到母亲节了，林子宸省吃俭用攒下了一些零花钱，他决定周六陪妈妈一起去购物，再悄悄买个礼物送给妈妈作为节日的惊喜，妈妈很开心地答应了他的邀请。

周五放学时，好朋友突然跟林子宸说，明天想约他一起去看电影。“不去不是好哥们儿！”好朋友甚至还这么说。林子宸想起来好朋友从周一就开始念叨本周末有他期待的电影，身为“铁哥们儿”，此时无法拒绝朋友的请求，但是他也想到已经提前说好明天要陪妈妈去逛街。如果拒绝好朋友请求的话，林子宸担心朋友会说自己不仗义；但如果不拒绝的话，妈妈那边又要怎么解释呢？

如果你是林子宸，当你决定拒绝好朋友的时候你会怎么做？如何妥善处理朋友让我们感到为难的请求？在回答这个问题之前，首先请你转换身份，将自己代入林子宸好朋友的角色：子宸是你的好哥们儿，在你需要陪伴的时候，你第一时间想到了他，你提出了请求并期望子宸能给予你肯定的答复。但事实上子宸可能有各种不同答复：

A.“不去。”

B.“没时间。”

C.“我也很想陪你去，但周六我已经有了安排，真是抱歉。”

比较上述三种回答，如果是你提出请求，对方的哪一种拒绝能让你感觉更舒服一些？很明显是第三种，因为第一种和第二种都让人感觉“不礼貌”。

礼貌是社会文明的体现，它在人际关系的言语表达中表现得最明显。语用学家莱文森和布朗提出了礼貌策略，他们认为人际相处时可以使用礼貌的表达方式，以减少某些言语行为可能给对方造成的伤害。

如果想拒绝别人而又不让别人感觉被冒犯，那么礼貌策略可以帮助你更好地实现目标。在此我们将为你介绍其中一种简单的拒绝方法：拒绝三步骤。合理使用该方法，你将能够游刃有余地拒绝朋友的请求。

第一步，拒绝的同时要表达理解。

当对方向你提出请求时，一定是希望你能够给予他积极的回应。如果是微不足道的请求，我们拒绝了，双方也不会感到有压力。比如：

A.“借我一支笔用。”

B.“我没其他的笔了。”

C.“好吧，那我找别人借。”

但如果是紧急的、重要的请求，我们直接拒绝，可能会让对方感到不舒服。因此，可以先对别人的请求表达理解。比如，好朋友让林子宸和他一起去看电影，子宸知道朋友很期待这场电影，那么可以先肯定他对电影的期待：“我知道你很期待这部电影。”“我记得你从周一就说你想去看这部电影。”“你终于定好了去看电影的时间。”……

当你能够对别人的请求表达理解时，别人会认为你是站在他的角度来思考，能够感同身受。

第二步，拒绝的同时要说明苦衷。

在对别人的请求表达理解后，要给自己的拒绝找一个合理的理由以表达苦衷，这样别人听起来自然更能接受。请注意，这里说的找理由、说苦衷，绝对不是让你为拒绝别人而编造借口。

人与人之间的关系，特别是好朋友之间的关系，一定是在一次又一次的互帮互助中建立起来的。如果朋友一直帮助你，而你却总是找借口拒绝别人，一定会影响两个人的友情。

上述事例中，林子宸在表达完理解后，可以告知好朋友自己的苦衷，比如："明天我已经有了安排，你早点说就好了。""我明天有要紧的事，要和妈妈出门。""明天是母亲节，我得陪妈妈去买个礼物。"等等。一个合理的拒绝理由，正如一个合理的请求一样，会让对方更能接受。

第三步，拒绝的同时要提出期望。

一般的拒绝表达在说明苦衷后就已经结束了，如果你想让自己的拒绝更能打动人心，可以在第二步结束后再提出一个新的请求让对方考虑一下。

比如，林子宸在表达理解、诉说苦衷后，可以向好朋友提出自己的期望或请求："如果你能忍住的话，我周日有时间可以跟你去。""我今晚回家后和妈妈商量下，可能只有明天晚上才有时间，你可以吗？""你要不问问班长，看他能不能和你一起去看。"等等。

将上述三个步骤连起来，假如你是林子宸，你就可以这样说："我记得你从周一就开始念叨这部电影，但太不巧了，明天是母亲节，我得陪妈妈去买个礼物，如果你能接受的话，我周日有时间可以跟你去。"和简单粗暴的"不去""我没有时间"相比，这样的拒绝表达更委婉、更妥当。

“拒绝”练习

理解了拒绝三步骤，还要多思考、勤练习，才能更好地将三步骤应用到现实生活中。接下来我们一起想一想，如果遇到下列问题，你会如何表达拒绝呢？

A. 自习课上，有同学想和你的同桌说悄悄话，请求你和他换座位。你想到之前有人在课上因为换座位被班主任批评，于是很想拒绝他，但他说有很重要的事情要和你的同桌讨论。

B. 你的好朋友周末一直在苦练乐器，为下周的艺术节表演做准备，以至于她的作业都没来得及完成。她找到你，希望能借你的作业看一看。但班规的第一条就是禁止抄作业，而你又深得老师信任，你犹豫了很久还是决定拒绝她。

C. 你和小伙伴约好了本周六一起去打乒乓球，但就在周四晚上，妈妈突然跟你说周六要带你参加数学竞赛体验班，这个体验班是你很早就拜托妈妈帮你预约的。你左右为难，但你知道必须拒绝其中一个人。

多元信息表达

心理学研究表明，人与人之间的面对面沟通，55% 以上的信息交流是由无声的肢体动作实现的。

如果想提高拒绝的有效性，在和朋友交流时应当结合目光、表情和肢体动作去传递真诚。其中，肢体动作的表达仅限于面对面交流，在互联网上我们很难向隔着屏幕的好友摆摆手或是用表情神态表达自己对拒绝的愧疚，所以微信、QQ 等聊天媒介便推出了表情包功能。

通过丰富多彩的表情包，我们可以向朋友更好地传递自己的心情。比如，当你想表达自己开心时，你不仅可以在聊天时说“我很开心”，还可以通过“我很开心”让这种开心活灵活现。

如果拒绝的场景发生在互联网上，你会为你的拒绝语言附上怎样的表情呢？你可以结合上述活动中的第二个例子（朋友借作业抄写），通过发送表情包的方式来为你的“拒绝”增添色彩。

4 矛盾让我们更亲近

和朋友吵架了，我有点儿后悔

朋友是我们生活中重要的存在。经历快乐的事，想第一时间和朋友分享；遇到难过的事，好朋友的安慰总能驱散乌云。我们总是心有灵犀，时常眼神汇聚，也总有聊不完的天、笑不完的趣事。有时候，朋友间也会有摩擦、争执，满肚子的话却开不了口，一次次擦肩而过。和朋友吵架了，我们可以做些什么呢？

假期里，宋语昕和好朋友约好了去游乐园玩，为了这次活动，表姐叫宋语昕去看电影她都没答应。

出发前一天，宋语昕开心地收拾好出行背包，里面塞满了自己和好朋友喜欢吃的零食。但晚上，宋语昕打电话给朋友，朋友突然说："语昕，我……不能去了，你找别人吧。"电话里，朋友熟悉的声音变得很陌生。宋语昕看着书包中收拾好的零食，对着电话说："可是我都准备了好久啊！""哎呀，找别人不就好了嘛！"好朋友一副没什么大不了的样子。宋语昕忍不住了，就和好朋友吵了几句，两个人在电话里不欢而散。

开学了，两个好朋友相见，却仿佛隔了一层透明膜。谁都想说话，谁又都不想先说话。

矛盾常常被认为是友情的"毁灭性事件"，它意味着愤怒、攻击、分离。我们的大脑有"优先识别威胁"的天生技能：当你发现身处一个对自己有威胁的环境中，身体反应就是立刻逃跑。这个技能很好地保护了我们的人身安全，但如果我们试图逃避友谊中的矛盾，可能会错失让友谊更加牢固的机会。事实上，允许矛盾的出现也是在表达"我很在意你，我想把更真实的自己展示给你看，我希望看到你是在意我的"。

心理学中的"冰山理论"很形象地指出：我们能看到

的“行为”就像冰山露出水面被人看到的部分那样，只是很小一部分；更大的那部分，如“感受”“期待”等，是藏在水底而不被看见的。

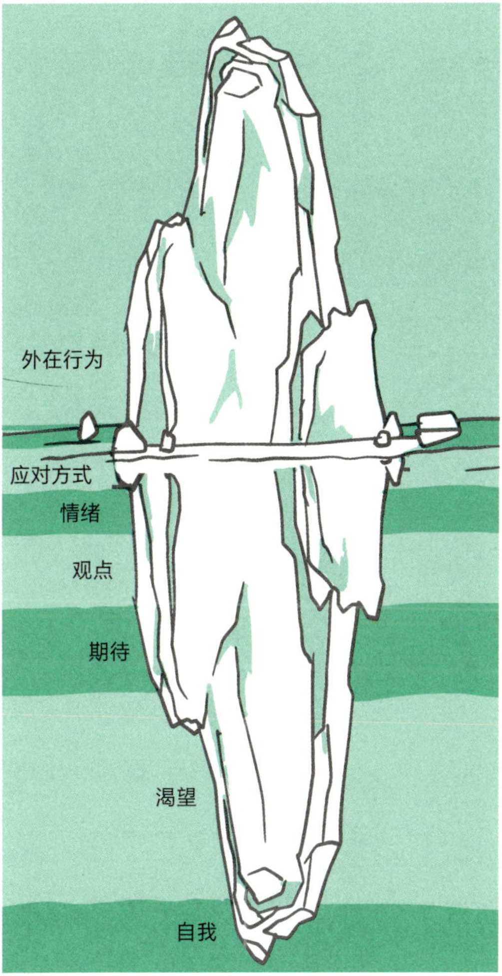

萨提亚的冰山理论

等宋语昕冷静下来，如果让她回头看看吵架现场发生了什么，她可能会看到自己的“冰山”：“我很期待这次聚会，其他都不重要，下冰雹我也要去”（期待），“我都把明天的包收拾好了，你才告诉我不去了！我很生气、很失落”（感受），“在你心里，我根本没有其他事重要！这不公平，在我的心里，我是把你和你的事排在第一位的”（观点）。

她也可能看到朋友的“冰山”：“临时改期，我也没有办法，我知道如果当天取消更突然，所以我赶紧提前告诉你，让你第二天不要等我”（期待），“我也很想去玩，我也很抱歉。可是在我想说抱歉的时候，你已经生气了。那我不管说什么，都没有用了”（观点），“你大声地朝我叫，我觉得自己很委屈，我又不是故意的，我只能大声地对着你喊回去”（感受）。

这些“冰山”之下的表达，可以帮助我们的大脑感受到安全和温度，人只有在感到安全的时候才能更好地启动其他功能，如好好说话。

调查发现，如果面对矛盾忍住不说，会让分歧恶化成更严重的问题，还会影响双方的身心健康，而把矛盾“吵出来”则对关系的变化有积极的作用。

吵架的过程中，我们一方面表达了自己的真实情绪和需求，另一方面也听到了对方的真实需求，看到了关系中真实存在的他，而不是你想象中的他。

虽然面对冲突，人们不一定能立刻获得满意的结果，但如果能较好地处理，可以使关系更好地发展。心理学家卡里尔·鲁斯布特将亲密关系中应对冲突的方式分为破坏型应对和建设型应对。

应对冲突的方式

破坏型应对冲突	退出者	比如，威胁要和对方绝交，或是作出粗暴、恶意的反应，或者大喊大叫、大打出手。之所以称为“退出”，是因为在这种关系中，一旦冲突发生，退出者就直接放弃了好好解决冲突问题的努力
	忽视者	忽视是指以消极的方式应对冲突，眼睁睁地看着情况恶化下去却坐视不管。比如：避免讨论关键性的问题，自顾自地与对方拉开距离；不直接起冲突，但是会在其他事情上找碴儿，让对方觉得不愉快。

续表

建设型应对冲突	忠诚者	忠诚者并不会主动沟通，只是乐观地等待境况的改善。忽视与忠诚的区别是，在面对对方的沟通要求时，忽视者会回避交流，如打断对方或者不肯谈论与冲突有关的问题，而忠诚者并不回避交流，当对方发起讨论或批评时，忠诚者会温和地进行反驳，或者坦率地说出自己的想法。
	协商者	协商是积极应对冲突的方式，试图通过沟通来恢复或改善亲密关系。协商者会与对方共同讨论问题。协商者觉得两个人不足以解决问题时，会积极寻求第三方的帮助，如朋友或长辈等。如果双方都是协商者，更容易取得积极结果，如达成一致、双方意见折中，或是一起找出更好的方法。

无论是忠诚者，还是协商者，建设型应对冲突的方式之所以有利于关系提升，关键在于它们能开启沟通的正面循环。那么，哪些行为是具体的建设型行为呢？

表达渴望

在和朋友的相处中，我们可能有和别人不一样的渴望，例如，渴望被特别地对待，渴望被重视，渴望朋友有了快乐的事情后第一时间跟我分享……这些渴望可能是我们平时很难说出口的，但是我们不能因此放弃表达。

应对冲突是一个非常好的机会，你会发现，你既表达了自己的渴望，也听到了朋友的渴望。在表达渴望的过程中，尽量只使用第一人称来描述，如“我的想法是……”“我感到……”等，避免评价对方的做法，如“你肯定是这么想的”“你这么说不好”等。如果你对对方的行为或想法有猜测，可以用询问的方式表达，如“我想你的意思是……我说的对吗”。

提出问题

再亲近的关系也会有意见不一致的时候。问题就像一簇小火苗，如果忽视它，任由它发展变大，不仅会烧到自己，也会烧到别人。与其这样，还不如先提出问题：这件事你是怎么想的？你为什么这么做？还有别的方法或选择吗？……直接地、细致地把问题讲清楚，问题也就不再成为问题。

找到策略

要相信办法总比困难多，现在出现的矛盾，只是因为我们使用了不合适的方法。学着说“那我们再试试……”，即通过一起讨论、尝试探索、寻求大人帮助等途径，寻找到彼此都满意的方法。

冲突让我们更近还是更远？

请你根据某一次冲突后的感受，如实在下表中作出选择。选择“是”越多，越说明本次冲突让我们距离更近。

	发生冲突后的感受	是	否
1	通过这次冲突，你们对彼此的真实需求更了解		
2	通过这次冲突，你们找到了更多解决问题的方法		
3	下一次再有冲突，你没有以前那么害怕表达了		
4	通过这次冲突，你觉得对方是重视和在意你的		
5	通过这次冲突，你们的关系更亲密了		

制作好朋友日记

真正的好朋友是吵不散的。选择合适的方式，和好朋友联手应对冲突，会让我们变得更亲近！下面让我们制作一本好朋友日记。

①准备一个日记本，封面贴上自己和好朋友的合影，还可以给你们的好朋友组合取个有趣的名字。

②两个人轮流记录一起度过的美好时光，包括特别开心的、特别刺激的、特别难忘的……如果有照片也可以贴上去。

③在一些特别的日子，如生日、儿童节、圣诞节、升学季等，给对方写下、画下此时你最想送给他的祝福。

④记下你们对未来许下的愿望，有机会一起实现！

5 我很在意你

好朋友很难过，我可以怎么安慰她？

生活中，身边的人难免有情绪低落的时候，或是难过生气，或是慌张不安。我们很希望自己能给对方及时有效的安慰，但常常觉得不起作用，甚至自己的心情也受影响。我们究竟可以做些什么？

子宸和朋友约好要一起参加两人三足比赛，为此两个好朋友抓紧一切空余时间进行练习，想要为班级拼一个好成绩。

就在比赛前夕，朋友把脚崴了，脚踝生疼。朋友着急，子宸更着急。他先找来冰块给朋友敷着，又扶着朋友到医务室，校医检查的时候子宸的心跳都加快了。绑上了绷带的朋友最终无缘比赛，他的眼泪夺眶而出。子宸赶忙反复安慰朋友没关系，比赛还有下一次，还讲笑话逗朋友。朋友却说："好了好了，你让我一个人待一会儿。"帮不上忙的子宸心里很不是滋味："我很想让你开心起来，你怎么却把我推开了呢？"

我们都会深深记得朋友在我们需要的时候给的那颗糖和那句鼓励，那是记忆里非常温暖的力量。我们为什么需要安慰？法国有一句源于15世纪中叶的著名医学格言："有时治愈，常常帮助，总是安慰。"这句格言说明了一个无奈的现实道理，世界上仍存在很多人类无法克服的困难，但安慰能驱散困难带给我们的阴霾。

我们所有人都不能完全脱离别人而生活在世界上，在伤心和失落时，多数人都盼望得到他人的关心和理解。安慰可能是不起眼的，却是温暖的。

当朋友陷入低谷，我们也会担心他的情绪，感受他的难过，希望自己能成为他的守护者。如果发现自己帮不上忙，往往会有一种强烈的冲动——"我不能眼睁睁看着你这样，我一定要做些什么帮你一把。”结果却遭到了拒绝。

为什么明明想靠近，结果却被推得更远呢？生物学家曾经做过这样一个有趣的实验：他们把一些刺猬安置在寒冷的室外，刺猬们冷得瑟瑟发抖，出于本能反应，刺猬们打算挤在一起互相取暖。但每当它们靠到一起，又会快速分开，因为每只刺猬身上都有很尖的刺，靠得太近，就会弄痛对方。在寒冷中，刺猬们不断靠近、分开，靠近、分开……经历了很长时间，它们终于找到了一个安全的距离：既能彼此温暖，又不会刺痛对方。

刺猬的相处智慧让生物学家们大为震撼。“刺猬法则”提醒我们：人与人之间的相处是需要适度距离的，过于亲密可能更容易产生摩擦和不适。故事中子宸的朋友因为处在低落与不安全感中，此时比以往更需要个人的安全空间。而子宸的着急和担心，让他忍不住想与朋友靠得更近一些，于是就出现了“你追我逃”的场景。

当我们知道“让我一个人待一会儿”确实是朋友此时此刻的需要，而不是因为做错了什么，我们就会停止对自己的责备，把目光聚焦到“安慰”这件事本身。可能你看到朋友表现出一副“我没事，不需要安慰”的样子，于是不知道是否需要上前安慰；也可能你一看到朋友哭，就会手足无措，不知道怎么开口，怕自己说错话让事情变得更加糟糕，于是就觉得自己反正天生不会安慰别人，干脆一言不发或者低头走开。

事实上，我们还是小宝宝的时候，就能感受到身边人的情绪，会因为大人哭而哭、因为大人笑而笑，所以我们每个人生来就会感知情绪，具备安慰他人的潜质。

你的不知所措或一言不发并不代表你很冷漠、没有同情心，其实，你也有很多的担心，也一直在默默关注朋友，

等待一个合适的安慰时机。拍一拍肩膀，或者一句“我可以做些什么吗”，简单的动作和示意询问也能表达关心和安慰。要相信自己有安慰和帮助别人的能力，勇敢大方地表达出你的关心和友善，你会比想象中做得更好。

同时，安慰的过程中，你需要放下着急的心情，提醒自己慢慢来。如果心情是天气的话，我们总是希望“雨赶紧停下”，而有时雨会连绵下一阵子，最后让人难受的不再是下雨本身，而是迫切想要雨停的念头。情绪的出现和消散都需要时间，想一想你上次从糟糕的情绪中走出来用时多久，可能你就不会再那么着急，也能更从容地给朋友多一些时间和空间。相信雨总会停，相信朋友一定能好起来。你可以试着多去感受朋友的感受，关注朋友此时此刻表现出的难过、沮丧、失落甚至愤怒，重复朋友一些关于感受的话语，“是啊，真的太倒霉了”“是我的话，我也不知道该怎么做”。支持朋友的感受，就是支持朋友。也可以试着主动提出帮忙做一些具体的事情，如帮他倒水、拿饭、和老师/同学沟通需求、帮忙做值日。这些看起来微小的行为，能给朋友更多休息充电的时间，从而帮助朋友更快恢复。

要注意的是，不是只有感冒会互相传染，情绪也会。因为人与人的互动存在一种“同频共振”，大脑中的神经系统会感知到旁人的情绪信号，也让你同时产生一些感受和反应。比如，我们在情绪激动的时候，遇到一个非常冷静的朋友，他的冷静也能帮助我们冷静下来；当朋友处于难过、激动的情绪中时，我们可能会受到影响也情绪激动。这也再一次证明了友谊的神奇力量！所以，要好好照顾自己，时常关注和平复自己的心情，情绪稳定的你才能更好地给朋友提供支持。

通过“倾听”表达“你最珍贵”

沮丧的时候，也常常是对自己最没有信心的时候。这时你的陪伴倾听，就是在传递“朋友不要怕，我在这里，我欣赏你，你最珍贵”的力量。

我们的身体就是最好的倾听工具。想象一下，当一个人双臂在胸前交叉听你说话，另一个人双手自然下垂在身体两侧听你说话，你更愿意和谁诉说？自然是后者，因为他的身体呈现出一种“开放”的姿势。

抬头挺胸，后背挺直，双手打开，都传递着“你尽管说”的意思。

想一想，当你倾听朋友的时候，有没有使用以下身体的资源（有就打“√”）：

□ 放下手中所做的事情，传递“你比任何事都重要”的态度。

□ 眼睛看着朋友，也不用一直死死盯着。

□ 耳朵仔细倾听，了解更多信息。

☐ 时不时点头，表达“是啊”和“我在听”。

☐ 身体打开，微微前倾，表达“你尽管说，我都在”的态度。

☐ 有需要的时候，拉一拉朋友的手，拍一拍朋友的背，传递支持和温暖。

倾听的过程中，充分运用身体资源，你不需要说什么，便能传递鼓励和信任的力量。每个人都是天生的倾听专家！

通过“反馈”表达“我支持你”

你可能希望学习一些安慰人的金句，以适用各种场合、解决各种问题。但其实并不存在这种通用的金句，所谓的表达技巧并没有你想象的那么重要，关键是你要传达出“支持”。

请看下面几种安慰，你会分别打几分（0 分代表最不喜欢，10 分代表最喜欢）？

你：“太倒霉了，我怎么就骨折了！这下惨了，运动会只能看你们玩了。”

朋友①：没关系的，不就是骨折嘛，我也骨折过，很快就好了！（　　分）

朋友②：运动会这次没法儿参加，还有下一次，现在你要赶紧把脚养好！（　　分）

朋友③：是啊，我们练了这么久，我也替你可惜！（　　分）

朋友④：我能理解你的心情。你还记得不，之前有一

次小提琴比赛，我不也是经历了暑假的魔鬼训练，结果考试前发高烧，只能过几个月再考？（　　分）

朋友⑤：我一定要继续我们的两人三足，还要取得更好的成绩，争取拿个奖杯送给你！要不，到时我戴着你的红领巾去比赛，就代表我们在一起！（　　分）

朋友⑥：

____

（你最想听到什么安慰，可以写下来）

6 秘密让我们更近还是更远

我把秘密告诉了好朋友，可他却告诉了别人

你有写日记的习惯吗？在朋友圈发布动态时，你会设置权限不给某些人看吗？我们每个人心中都有这样一个小小区域，这是完完全全属于自己的领地，让人安全、放松，这里可以有一些保密的想法、经历、感受。

同样，在和朋友的相处中，我们也总会有“嘘，我告诉你一个秘密，小声点，别被他们听见了”的时刻，但有时会陷入困惑中：我把秘密告诉了我的好朋友，说好了要保密，为什么他却告诉了别人？

宋语昕一直有一个秘密，学校的一位副校长是自

己的小姨。入学时，妈妈就叮嘱语昕不要告诉同学这件事，一定要低调，语昕笑着点头答应了。有一次，语昕和好朋友出去玩的时候，朋友告诉了她一个自己的秘密，语昕认为朋友是把自己当真心朋友，于是也把自己的小姨是副校长的秘密告诉了朋友。朋友很惊讶，也答应帮她保密。没想到，过了一段时间，有同学来问她："听说学校的副校长是你的亲戚，是真的吗？"秘密的外泄让语昕感到又气又恼，明明说好要保密，朋友怎么说出去了呢？让宋语昕难过的是，她有好好帮朋友保密，可是朋友却辜负了自己的信任，她想："早知道，我就不和她说了！"

对宋语昕来说，"我只把秘密告诉你一个人"代表着自己对朋友的重视，这是她只与朋友分享、不愿向同学们公开的秘密。在谈论悄悄话的过程中，两个好朋友都体验着"我们的关系，和我与别人的关系不一样"的亲密感和信任感。但是秘密的泄露让宋语昕对这段友谊产生了怀疑：这个朋友是值得信任的吗？秘密到底让我们更近还是更远？

你从什么时候开始发现自己有了秘密？小学一年级或者幼儿园？当我们发现原来自己的想法、体验可以只藏在自己心里，可以选择告诉或者不告诉别人的时候，会产生一种很奇妙的感觉，就像拥有了一片“自我领地”。最特别的是，当着别人的面想自己的秘密而别人看不到的那种感觉，让人体会到“我”和“你”是不同的个体，“我”是独特的存在，这种感觉让人着迷。

你愿意和谁分享你的秘密？家人、老师、朋友、玩具还是宠物？五六岁的儿童一般会将自己的秘密告诉妈妈。而10岁以后，不管是家庭、学习还是生活上的秘密，好朋友都是秘密分享的首选对象，因为好朋友更在意自己分享的这些事情，即使是鸡毛蒜皮的小事，好朋友之间也会交换自己类似的经验。

你们会怎样分享秘密？是在一个约定的时间，还是在校园某个神秘空间，或者通过交换日记的方式？这些有仪式感的过程，让人感觉有人陪伴、不孤单。

朋友说："这件事我谁都没有说，只告诉了你。"你会觉得："我是你很重要的朋友，所以你才如此信任我！"因此，朋友之间分享秘密的行为意味着我把你当成"自己人"，而没有被分享秘密的人就是"外人"。那些窃窃私语的时光是那么美妙，那些在心底沉默已久的秘密终于见了光，每一句对话都充满了感情的支持、自由的快乐，这也是交换信任、拉近距离的过程。

据调查，越亲密的朋友，分享的秘密越隐秘，数量也越多。

一个残酷的事实是，保守秘密并不容易。出于对朋友的负责任，怀揣着秘密的我们会总想着要好好保密，甚至有时为了保密而不敢随便说话，让人感觉很累。

根据心理学研究，97% 的人在某一时刻至少有一个秘密，而越是频繁地想着这个秘密，幸福感越低。所以，泄露秘密也是大脑自我保护的过程。

我们有时候会不受自己意识的控制，一不小心就把秘密脱口而出了，然后，身体感到轻松下来。所以，下面的情况也不难理解了：

5 天前——

朋友 A："这个秘密你一定要帮我保守。"

朋友 B："放心吧！"

5 天后——

朋友 B："这个秘密你们一定要帮 A 保守。"

朋友 C、D、E、F 说："放心吧！"

在这样的情况下，想要告诉对方秘密，需要注意些什么呢？

涉及隐私的秘密不能说

有些关于自己、家庭、朋友的隐私，一旦传出去会给自己或别人带来无法弥补的伤害，那坚决不能说。特别是在网络中，要知道互联网是有记忆的，你的信息、隐私照片、过激想法都容易成为别人拿来伤害你的“武器”。当有人打着关心你的幌子说“说一下吧，没关系”的时候，你可以用这样的话回复：“很抱歉，我真的不能说。”“我知道你会保密，但我也有我的苦衷，请你理解。”或者找个借口转移话题，离开现场。

有想说的冲动时，及时走开

当聊天进入白热化阶段，互相产生了“你就是我的灵魂知己”的感觉，常常就会有分享的冲动，这是很正常的。所以意识到自己想把秘密说出来是一件很重要的事，就像泄洪前的警报，提醒你可以做些什么阻止“一泻千里”。你可以转移话题，或者说“我要离开一下/上个厕所”，让自己冷静一下，等待理智归位。

忍不住的时候就写下来

如果你因为一个秘密而坐立不安，可以试着把它写下来。在你书写的过程中，不要担心写错别字，试着放下所有的顾虑，探索最真实的情感和想法。

你可能会把你的秘密与父母、老师或朋友、亲戚，与过去、现在或未来，与你曾经是谁、你想成为谁或你现在是谁联系起来。写完以后，你也可以用一些方式处理掉纸张，或者收藏起来。别忘了，最重要的是书写的过程。

如果不得不面对秘密被别人知道的情况，就如前文的宋语昕，应该怎么办呢？首先要稳住，不要慌张，可以选择装作不知道，同学的询问有可能只是试探。宋语昕可以选择装糊涂："什么？我怎么不知道。"同学问不出什么也就罢休了。当然，也可以选择坦然面对："是的，本来我不想说的，既然大家都知道了，也没什么好隐瞒的了。"要知道，人的注意点更多的是放在自己的事情上，别人的事说过就过去了，不会放在心上，所以不用过于在意。

如果这个秘密影响到了你的安全与健康，请你一定不要一个人面对，一定要告诉大人，要及时保护自己。

打理我的秘密花园

一项调查研究发现，97% 的人在任何特定时刻都至少有一个秘密，而每个人平均有 13 个秘密。

有秘密是一件令人骄傲的事情，不过，有些秘密的存在，也会让人感觉“我是个坏孩子”“我很糟糕”。下面的练习可以帮助你用更健康的态度面对自己的秘密。

你可以选一个不被打扰的时间，找一个安全的地方，在纸上写下你的秘密清单，可以关于但不限于以下内容：

家庭学习

习惯爱好

朋友身体

家庭财务

游戏场地

信任品德

……

首先，在秘密清单中，你可以列出那些哪怕告诉好朋友也没关系的秘密。你可以找个机会在聊天或者玩笑中流露出来，分享秘密会让人愉快轻松！

其次，你可以圈出一些秘密，这是你不希望别人知道的。没关系，这是你的权利，要好好保护这些秘密。

最后，请你在不愿说出的秘密中，选出让你感觉最不舒服的一个秘密，看着它，回忆它的产生，回忆每当你想起它时的感受，然后对自己说“是的，我对这件事情感到________，但我选择让它成为一个秘密。”横线上可以填任何词语，如抱歉、紧张、无助、糟糕等，如果说一遍不够，你可以对自己说3遍。

这样的做法有种魔力，让你能“面对面”地对待秘密，并且相信自己是有能力继续守好这个秘密的。

守护我的秘密花园

事实上，没有人能把内心的想法和感情完完全全地表达出来。每个人都拥有需要保守的、不愿与人分享的秘密。我们要学着做秘密花园的守护者。以下关于保守秘密的想法，你认为对吗？（打“√”或者“×”）

①反正网友也不认识我，我可以什么都和对方说。（　　）

②对方发誓说一定会帮我保守秘密，我就相信他吧。（　　）

③就算我不说出去，别人也会说出去的，所以透露一下也没关系。（　　）

④有些时候真的想说出来，但我知道我能忍住不说。（　　）

⑤一些关于自己和别人人身安全的秘密，我需要说出来。（　　）

点评：正确的做法是④⑤

7 闪光的绰号

我不喜欢别人给我起的绰号，怎么办？

回忆一下，从小学到现在，你的班级里是不是经常有同学被起绰号？比如，有同学姓朱，有人便叫他“野猪”；有同学皮肤黑了点，有人便叫她“黑妹”；有同学新配了一副眼镜，有人便叫他“四眼”；有同学甚至不知道做了什么，有人便叫他“元谋人”“饭桶”“驴”……这些带有侮辱性的绰号是校园阴影中的一部分，尤其是当这种事发生在自己身上时，会使我们感到心烦、愤怒、难过甚至自卑。一项对北京中小学生的调查研究显示，40.7%的同学有过被起难听绰号的经历。那么，我不喜欢别人给我起的绰号的话，应该怎么办？

教室里，坐在宋语昕后面的是一位身材有点儿胖的女生，她自开学时就被同学嘲笑体重，被起各种各样的绰号：肉球、盼盼、胖妞。

体育课上这位女生跑800米，有些男生路过她身边时会大喊“地震了、地震了”；春游时同学分组就餐，有些女生不愿意和她一组，说担心她吃得太多。

事实上，这位女生成绩优异，乐于助人，有责任心，唱歌还很好听。在同学们一声一声的“肉球”中，她开始变得自卑、内向，不敢去和别人交朋友。宋语昕很同情这位女生，她去找那些给女生起绰号的同学理论，但是他们并没有把她的话放在心上。

有些绰号无伤大雅，是朋友之间关系亲密的体现，但有些绰号则是故意羞辱。有的同学仅仅是因为个子矮了点、鼻子大了点或是牙齿不整齐，就被别人冠以各种难听的绰号，还有的同学仅仅是因为姓氏就被起绰号。

起绰号行为一方面反映了部分同学缺乏与人相处时的尊重与礼貌，另一方面也反映了部分同学通过给别人起绰号、贴标签，通过对比自己与他人的优势与劣势而获得自我优越感。

在青春期，由于青少年极其关注自我，自我意识强，需要一定的方式去寻找自我认同。给别人起绰号，拉拢同学一起叫别人的绰号，便是该心理外显的行为缩影。

需要注意的是，即便给别人起侮辱性绰号不像打架斗殴等行为那样暴力，但其依旧被列为校园欺凌的一种，欺凌者应当受到惩罚。例如，有学校明确规定：给他人起侮辱性绰号等行为属于欺凌，严重欺凌者可勒令退学、开除学籍。因此，不要取绰号去嘲笑别人的短处，这种行为有时候给别人造成的心理伤害比肉体伤害更难愈合。

那么，面对起绰号这一行为我们该怎么办？如果你正在给别人起绰号，那么请立即停止该行为；如果你被别人起了绰号，而且是你不喜欢的绰号，请一定要勇敢地表达你的不喜欢。忍气吞声并不会使别人放过你，只会助长他们的嚣张气焰。当你表达拒绝时，不要模糊地说“大家不要叫我 ×××”“我不喜欢被叫 ×××”，而要及时、准确地用严肃的语气对叫你绰号的同学说：“×××，你不准再叫我 ×××！”

当然，如果你意识到自己没有办法制止他们的恶行，你可以去寻求老师、父母的帮助。借助长辈的力量并不是一件丢脸的事，而是明智的表现。

除此以外，你可能会关心：有没有什么办法可以避免被别人起绰号？

心理学家洛钦斯曾提出“首因效应”，又称“第一印象效应”，该效应强调了人际交往过程中第一印象的重要性。

如果你能在首次见面时给别人留下好印象，那么后续别人大概率对你依旧持有好印象。即便有时候第一印象并不完全准确，它也是你给别人留下的最鲜明、最牢固的印象。想象一下，你和新同学第一次见面时，你不仅介绍了自己是谁，还表演了跳舞才艺，只是跳舞的时候不小心摔了一跤，那以后同学再提起你的时候，肯定会说：“哦，就是那个跳舞摔跤的人！”

首因效应对人际交往非常重要，我们可以利用首因效应避免别人给你起绰号。当你遇到新同学，或需要交新朋友的时候，可以尝试提前给自己取一个你喜欢的昵称，并在自我介绍的同时向大家介绍自己的昵称。比如你姓朱，你给自己取一个喜欢的昵称叫“朱朱”，那么在自我介绍的时候就可以说："大家好，我叫朱 ××，你们可以直接称呼我为'朱朱'。"用你喜欢的"朱朱"去替代可能会出现的"野猪"，用你喜欢的昵称去替代可能会出现的绰号，首因效应可以起到防患未然的作用。

这里再提醒一下，给自己取昵称时请尽量避免取与名字无太大关系的昵称，更不要取不明意义的昵称。比如，你叫张 ××，你给自己取的昵称是"黑暗之神""夕颜""盐汽水"……这些"中二"昵称可能会成为别人取笑你的素材，反而适得其反。毕竟，谁会让别人叫自己"黑暗之神"呢？

绰号回忆录

每个人从小到大都可能被别人起过绰号。回忆一下你被起过的印象最深的绰号，将其写在下方，并将该绰号的由来简单表述出来。比如："我印象最深的绰号是'肥猪'，因为我上初一的时候长得比较胖，所以别人叫我'肥猪'。"

描述完后，请你想一想：该绰号和你的联系是什么？如果可以减少该联系，我们能做什么？如果不能减少该联系，我们能否通过什么方式让其他人看到该联系的正面意义？比如："'肥猪'能够联想到我的身材，这提醒我应该减肥。"

绰号：

由来：

联系：

方式：

我的闪光昵称

上文我们学习了首因效应在人际交往初期的重要性，假如让你在认识新同学、新朋友前给自己取一个昵称，你会取怎样的昵称？请注意，该昵称与微信昵称 /QQ 昵称有很大的不同，比如有的同学的网名叫咸鱼翻身、EMO 公主(放假版)、我就是太阳、小别兔别又别……想象一下，假如你有一位新同学在自我介绍的时候说，可以称呼他为“小别兔别又别”，那会是一个怎样的画面？可能是全班爆笑。

昵称代表了我们期望别人对自己的称呼，你起的昵称最好朗朗上口，给人以亲切感。所以，你会给自己取一个怎样的昵称呢？请你写下来，并简单描述取该昵称的理由。起完昵称后，你可以去找一位朋友，请他谈谈对你昵称的看法。

给自己取的昵称： 取这个昵称的理由：

8 校园暴力是红线

当我看到别人被欺凌时该怎么办?

电影《少年的你》讲述了一个被校园欺凌改变命运的故事。如果有一天，校园欺凌真的发生在我们身上，我们可以有哪些保护自己的方式?

班级里有一位身材有点儿胖的女生。下课时，她不和其他人玩，经常自己一个人在座位上写写画画，尽可能地不让别人注意到她。即便这样，依旧有很多人在欺负她。比如，老师喊她名字的时候，很多同学就会起哄："她不叫 ×××，她叫肥猪。""错了错了，应该是八婆。"……她脸涨得通红却不敢说什么。慢慢地，即便是她开学时交到的好朋友，也不怎么和她讲话了，似乎她成了每一位同学孤立的对象，和她在一起成了一件“丢脸”的事情。每当别人笑话她时，宋语昕都会转头去看她，她却一直低着头。

有一次走在路上，宋语昕又听到别人在低声嘲笑这位同学，而她只是把脸转过去，像没听见一样走开了。宋语昕看不下去，好几次提醒同学，同学却说：“我只是开个玩笑，你看她自己都没反应，你急什么？”宋语昕想告诉老师，又怕被同学们说是告密鬼。

在“集体冷漠”的环境下，宋语昕想要主动做些什么确实很需要勇气。

心理学中的“旁观者效应”指出，当一些不好的事情发生时，如果现场人很少，那么大家的道德感和责任感会更强，更容易挺身而出。但如果现场有很多人，大家会下意识认为在场的其他人会伸出援手，没必要自己来，自己不做些什么也没关系，产生的自我谴责也会少很多，大家提供帮助的可能性就越小。

当欺凌发生时，可能有以下的场景和角色出现：

当被欺凌者哭的时候，几个欺凌者站在他的身边，觉得自己没有错：“我打他有错吗？是他自己挡了我的路。”“不是我先打的他，是别人先打的他，所以不是我的错。”

左边站着几个欺凌协助者，他们没有首先动手，但是也参与了动手，他们也觉得自己没有错：“很多人打他，其实我也打了他，不过我只打了一下。”

右边零散地站着一些旁观者，他们有的很犹豫：“我很害怕，又帮不上忙，只能眼睁睁地看着。”有的不知所措：“我没有看到事情的经过，我不知道他为什么哭。”有的觉得和自己无关：“我虽然看到了，但又不是我的错。”有的表示无可奈何：“很多人欺负他，我一个人也没有办法阻止，这不能怪我呀。”有的支持欺凌者：“这件事情一点都不奇怪，他会被欺负，也许要怪他自己。”有的责备被欺凌者：“他什么都不说，他应该自己大声求救呀。”

这些触目惊心的想法，让人感觉被欺凌者要得到帮助和支持好难。根据调查发现，只要在这个过程中有人出来制止，50%的欺凌会在10秒内结束。当欺凌发生时，由于害怕或者担心自己也变成被欺凌者，大家更多会选择做旁观者。

要知道，在欺凌的环境中，每个人的身份都是会发生变化的，当你一边旁观一边表现出漠视、哄笑、嘲讽的行为，你已经不知不觉变成欺凌的协助者了。如果你什么都不做，任由欺凌事件继续，让欺凌者觉得没有人会阻止他们，他们是可以为所欲为的，从而不断扩大欺凌的范围，那么在未来某一天，你也可能成为被欺凌者。所以，我们要勇敢地从旁观者变成保护者，大声而坚定地喊停，带着被欺凌者离开现场，请大人（如老师等）出面制止。

即使你遇到了一个不值得信任的大人，也不代表所有大人都不值得信任，一定要不断去尝试，去找能帮到你们的人，这非常重要。

我们还可以怎么做以坚决抵制校园欺凌的发生呢？

教育部等九部门联合出台的史上最严防治措施《关于防治中小学生欺凌和暴力的指导意见》规定，对于实施欺凌和暴力的中小学生必须依法依规采取适当的矫治措施进行教育惩戒。我们需要加强对校园欺凌行为的认识，校园欺凌不仅仅是行为、物质上的伤害，也包括言语、心理、关系上的伤害，更可能违反法律法规。我们要在心里拉起一条警戒红线，这是一条不能触碰的红线。

根据调查发现，校园欺凌发生在身边的概率比我们想象中大得多。有同学说："没有什么事是拳头不能解决的。"拳头能解决问题吗？无数社会新闻告诉我们，拳头非但不能解决问题，还会给自己带来麻烦。如果你有这样的想法，请放下拳头，和信任的人一起探讨这些问题吧："欺负别人，真的能给我带来好处吗？""当我很想欺负别人的时候，怎么克制内心的冲动呢？"

如果自己遇到了一些无缘无故的招惹，处处被针对，一定要及时拉响自我保护的警铃，提出抗议并告诉老师，把对方的欺凌行为扼制在萌芽阶段。面对欺凌行为，你可以采取以下措施。

尽快离开现场

如果一个人独自面对突发的欺凌情况，一定要尽快离开现场，能多快有多快。在保证自己安全的情况下，向最近的人群跑去，这样就算对方追来，也会有所顾忌。然后立刻向大人求助，并且注意以后不要一个人单独行动，要和同学结伴出行。

大声说出来

你可能担心父母不重视这件事或者有一些过激的反应，但无论什么时候都要记得父母永远是天底下最关心你、最希望你幸福，也最愿意帮助你的人。你还可以向老师、学校或者派出所反映情况，清楚地告诉他们欺凌你的人是谁、具体做了什么、在哪里、什么时候、这样的行为持续多久了、对你造成了什么困扰。说出自己的遭遇需要很大的勇气，但不要怕，发生这些事不是你的错。

调整自己的情绪

走出欺凌的阴影并不是一件容易的事，你可能还会时不时担心、紧张、害怕出门或与别人打交道。这些都很正常，你需要时间去冷静和调整，不要逼着自己赶快恢复正常。

你可以试着把所有的感受说出来或者写下来，不要思考对错，只需要真实表达即可，表达的过程会减弱你的不安。你也可以找一件感兴趣的事情去学、去做，积累成功的体验，这样的成就感会让你觉得“生活没有那么糟糕”，从而一点点重新建立“我很好”的信心。

受到伤害请开口说出来

有人说："君子报仇，十年不晚。"面对欺凌，难道我们只能默默忍受，甚至计划来一场报复行动才能走出阴影？有没有更好的求助或自助的办法？下面来做一个实验感受一下。

准备材料：

①一个矿泉水瓶子；

②一根针。

实验步骤：

步骤一：用矿泉水瓶子装满水，把瓶盖盖好。

步骤二：用针在瓶身戳一个孔，看看瓶中的水会不会流出来。

步骤三：把瓶盖拧开，看看瓶中的水会不会流出来。

当瓶盖拧紧时，哪怕瓶身有孔，因为水流不出来，别人也发觉不了孔的存在。但是一旦拧开瓶盖，水流了出来，所有人都能看到小孔的存在。

这个实验想告诉大家：当你受到了伤害，如果你不开口告诉老师或家长，大家就不知道你受了什么伤害，也就没法儿帮到你，但是如果你开口告诉老师或家长，他们就会帮助你，和你一起去面对。

要永远记得，你不是一个人，永远有人在关心着你的安全和身心健康！

学会使用法律武器

我国可用于处理校园欺凌行为的现行法律法规主要包括《中华人民共和国未成年人保护法》《中华人民共和国预防未成年人犯罪法》《中华人民共和国民法典》《中华人民共和国治安管理处罚法》《中华人民共和国刑法》等。

中华人民共和国刑法

【故意伤害罪】**第二百三十四条** 故意伤害他人身体的，处三年以下有期徒刑、拘役或者管制。

犯前款罪，致人重伤的，处三年以上十年以下有期徒刑；致人死亡或者以特别残忍手段致人重伤造成严重残疾的，处十年以上有期徒刑、无期徒刑或者死刑。本法另有规定的，依照规定。

【侮辱罪】【诽谤罪】**第二百四十六条** 以暴力或者其他方法公然侮辱他人或者捏造事实诽谤他人，情节严重的，处三年以下有期徒刑、拘役、管制或者剥夺政治权利。

前款罪，告诉的才处理，但是严重危害社会秩序和国家利益的除外。

通过信息网络实施第一款规定的行为，被害人向人民法院告诉，但提供证据确有困难的，人民法院可以要求公安机关提供协助。

中华人民共和国民法典

第一百一十条 自然人享有生命权、身体权、健康权、姓名权、肖像权、名誉权、荣誉权、隐私权、婚姻自主权等权利。法人、非法人组织享有名称权、名誉权和荣誉权。

第九百九十一条 民事主体的人格权受法律保护，任何组织或者个人不得侵害。

此外，2016年，教育部等九部委联合出台了《关于防治中小学生欺凌和暴力的指导意见》；2017年，教育部等十一部门联合印发《加强中小学生欺凌综合治理方案》；2021年，教育部发布了《未成年人学校保护规定》，对校园欺凌从积极预防、依法处置等方面加以指导。当我们足够了解这些法律法规，面对校园暴力时就不必惊慌失措，要学会找家人、老师、社区工作人员或者警察等愿意帮助你的人，使用法律武器合理地、正当地保护自己及他人。

Part

2

青春“好作伴”

1 知心的朋友会越来越少吗

为什么我觉得长大后朋友反而变少了？

有首歌这样唱："朋友一生一起走，那些日子不再有，一句话一辈子……"在这首歌里，我们能听懂对友情的祝福、珍重，也能听懂对朋友的不舍、期望。可一个令人遗憾的事实是，漫漫人生路上，陪在我们身边的人来来往往，总会有人离去，总会有人从你的生活中退场。

你是否还记得，小学时陪你一起吵吵闹闹的朋友是谁？他们现在是否依旧陪在你左右？你又能否确信，此时与你形影不离的挚友，在三年后、五年后、十年后，还能与你共患难、同甘苦？有同学留言："为什么我觉得长大后朋友反而变少了？"

林子宸在网络上刷到一条小学同学的感想，大概意思是感慨小学时的几个好哥们儿自升入初中后就很少再联系了，而自己一个人在陌生的学校里没有再交到新朋友，很孤单。他觉得身边的人都在做自己的事，没有像小学时班级同学那样团结友爱，更没有知心朋友可以交流。此条感慨一发出，短短十分钟便引来了小学同学的众多评论。有的同学说："我和同桌还保持着联系呀，每周末都会相约一起写作业。"有的同学说："我也有这样的感受，现在这个班里没有一个熟悉的同学，每天都过得很无趣。"也有同学说："我在初中蛮开心的，结交了一群志同道合的朋友，我们经常一起打篮球！"还有同学提议："我们可以在暑假里聚一聚。"看到一个个熟悉的名字和一条条亲切的话语，子宸也忍不住加入其中，他说："对，我们聚一聚！"

你和上述同学有同样的感受吗？我们可能会因为某些瞬间想起朋友间的美好回忆，或因为老朋友的不再联系而感到失落，但大多数时候我们都会朝着光明的未来大步走去，去融入新的班级、结交新的朋友。

对于“知心的朋友会越来越少吗？”这个问题，假如你正处于大学毕业、即将步入社会的时间点，我们也许会给出一个肯定的答案。但如果你是正处于青春期的阳光少年，这个问题其实更多地反映出青春期人际关系的发展变化。

相对于小学来说，步入初中阶段的我们有更强烈的交友需要，无论是男生还是女生都会感受到友谊是人际关系中最重要的东西。小学时，我们与朋友的关系主要建立在共同的活动或兴趣爱好上，友情其实并不牢固；进入初中后，由于心理不断成熟，我们会根据自己喜好的性格、兴趣、品质选择朋友，与他人建立比较稳固的友情。

另外，青春期的我们还比较单纯，结交朋友时容易投入真挚情感，因此青春期建立起来的友谊往往会在人生中留下浓墨重彩的一笔，令人终生难忘。

一项心理学调查研究发现，相比其他阶段，中学阶段是人的一生中交朋友最多的阶段，甚至超过了其他阶段交友的总和。这也是为什么会有很多成年人感叹：越长大越孤单。

为什么有的同学会在青春期感到朋友越来越少呢？这其实透露出了我们对知心朋友的渴望，代表着我们对亲密关系的需求。小时候，我们对朋友的理解可能只是“玩伴”。所谓玩伴，只要能够陪你玩，不管是谁都可以。所以你可以在游乐园看到，两个互不相识的小朋友，也能在沙子堆旁边一起玩得很起劲。长大后，我们开始有交友的意愿，不仅要交朋友，更要交好朋友、交知心朋友。甚至我们会把朋友分出等级：最好的朋友，第二好的朋友，一般朋友，熟人……

英国牛津大学心理学家罗宾·邓巴发现，我们的人际关系是呈高度结构化的，人际关系就像一组同心圆，我们自己居于中心位置，越靠近中心圈层的朋友和我们的关系愈加亲密。比如，最靠近中心圈层的是“情侣”，圈内通常只能容纳 1 人；第二层是“最好的朋友”，圈内通常有 5 人；第三层是“要好的朋友”，圈内可以容纳 15 人；居于“友情圈层”最外层的是点头之交的关系，它可以容纳 1500 人。

邓巴认为，我们对于每一圈层的朋友所花费的社交精力、见面频次都是不一样的，花在亲密朋友身上的时间要

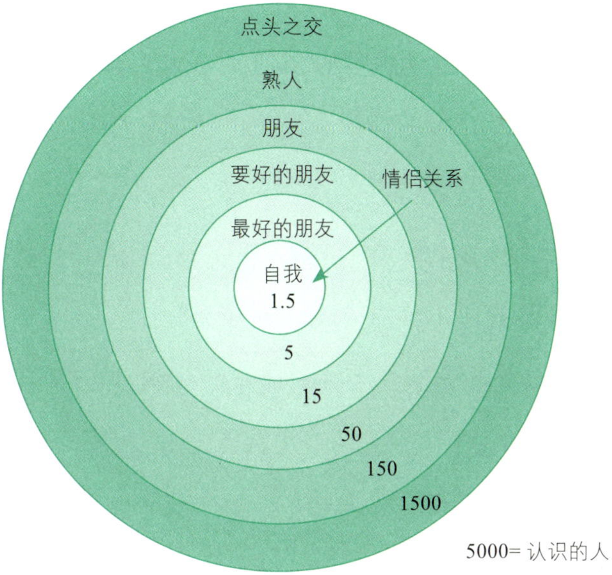

友情圈层面

远远大于花在“点头之交”上的时间。另外，在“人际圈层”中，每一层的人数在总体上保持稳定，里面的“成员”却可能在内外圈层之间流动。这也就解释了为什么有些朋友会在某一阶段和我们是好朋友，到了另一阶段却成了泛泛之交。所以，当有的同学说自己朋友少，其实也就代表着他的“好朋友圈层”人数不够或存在空缺，希望能结交到亲密的好友。

当然，通过观察上述的“人际圈层”，我们也可以理解为什么班级里总会有同学对异性朋友感兴趣，因为“情侣关系”处于人际关系的核心，关于该部分我们会在后面的章节进行讨论。

“人生难逢一知己，千古知音最难觅。”很多人都羡慕管仲与鲍叔牙名传千古的友谊，渴望有一天自己也有“高山流水遇知音”的惊喜。但你知道吗，“成为知己”从来都不是一蹴而就的事。“一见如故”固然令人兴奋，但与朋友的相处更需要长期的感情维持和升温，甚至有些好朋友就是从最外层的点头之交，一步一步向“人际圈层”内部进发，最终才成为一辈子的知己。

人与人之间的感情只有在彼此的互动中才有意义。也难怪有人说：从陌生人到好朋友，我们大约需要投入 200 个小时的时间。所以，哪怕相隔甚远，哪怕你能给予的只是一声简单的问候，只要你用心地对待朋友，维持和他们的关系，即使白驹过隙、岁月流逝，当你蓦然回首时，你的朋友依旧是你坚强的后盾。

我的人际坐标图

前文中我们了解了邓巴的“人际圈层”，它将我们的人际关系圈分成了若干等级，越是亲密的朋友越靠近中心的位置。

接下来，我们将为你介绍另外一种划分朋友等级的方式——人际坐标图。该坐标图根据我们和朋友的空间距离和心理距离划分成四个象限，其中空间距离分为亲密和疏远，它代表着我们和朋友实际的空间距离。

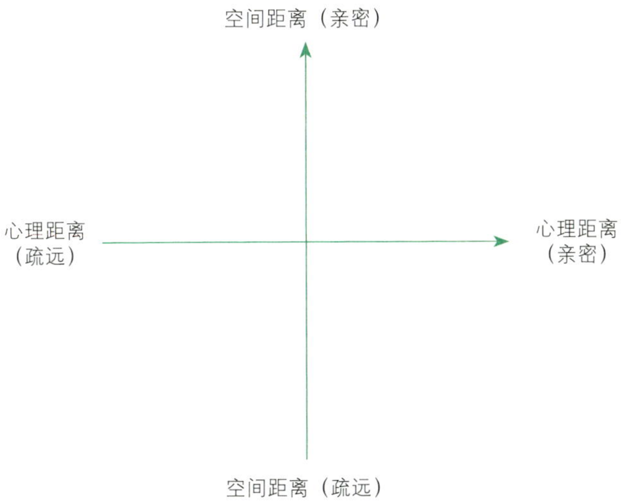

要知道，你的好朋友并不总是在你身边，我们也不一定和离自己最近的人成为朋友。心理距离也分为亲密和疏远，它代表着我们和朋友实际的情感距离。即便我们不说，在心里我们也会将朋友排个顺序：这是我最好的朋友，这是跟我关系还不错的朋友……你可以将你能想到的朋友按照空间距离和心理距离进行区分，然后把代表他们的符号 / 代号分别填在四个象限里。

填完之后可以反思，你是出于什么原因把他们放在了该象限？

改善人际关系的积极行动

朋友关系的维持需要我们投入时间、精力，一些不良举措有可能最终导致关系破裂。

在本册书的前面章节，你已经学习了诸多维持人际关系的方法。除此以外，肯定还有很多适合你维持朋友感情的积极行为。

你可以回忆一下：在过去的时间里，朋友的哪些行为曾让你感受到他们作为朋友的力量？哪些行为是你喜欢的？

请你将这些行为写下来，并且把这些让朋友感到被支持的积极行为付诸实践。

2 “三八线”该设在哪里

我只是和异性同学说了几句话，班里人就起哄我们俩在一起了

你在班级里一定听过，甚至被传过“绯闻”吧！如果两个人恰好一起在做某件事，也许就有同学开始发出“哦”的声音；当其中一位同学和其他异性讲话时，还会听到有人用夸张的语气说：“×××吃醋啦！”尽管两个人可能实际上并没有任何关系，但是有些人会乐此不疲地为他们编造各种故事，就像夏日池塘中的青蛙一般，一只鸟飞过，便听取蛙声一片：呱呱呱呱呱！那么，男生和女生到底怎样相处才不会被别人说“八卦”？

“拜托，我只是在问她一道数学题怎么做！”林

子宸涨红着脸，在教室里大声喊道。几个男生却对子宸的生气不以为意，还在一旁起哄："那你怎么只问她，不问别人？""你每节课下课都会故意经过她身边！""林子宸喜欢人家咯！"……被起哄的女同学同样红着脸，她垂下头用发丝掩盖自己的表情，子宸则气愤地作势要找起哄的人理论。随着一声声吵闹，同学们哈哈大笑，班级里乱作一团。原来，林子宸和班级里的一位女生都喜欢画画，所以两人之间的关系相对其他人来说要好些，但他们之间的交流也仅限于下课时聊聊怎么画画，或是讨论彼此的作品，但这些行为却在班级里刮起了一阵"八卦"之风。

有同学不仅在下课时起哄他俩谈恋爱，还会在体育课上将林子宸故意推向女生队伍。以上种种行为惹得林子宸很生气，女同学也开始故意回避他，两个人的友情极速破裂。

这种"传绯闻""聊八卦"的现象，多年以后等你毕业了、长大了，可能会成为你学生生涯的美好回忆，是和老同学相聚时聊天的快乐源泉，但对于当时被起哄的男女同学来说，可能就只剩烦心了。其实自小学三四年级开始，班级里就开始有人“组 CP”（情侣配对）了，这是我们成长道路上大多会经历的事情。

且不论现在网络上娱乐明星的各种八卦消息，就连古代的儒学大家孔夫子，据说都曾被“绯闻”害惨过！相传，孔子曾受到卫国卫灵公夫人南子的召见，两人有过一次碰面。如果用现在的媒体标题描述，可能就是：“震惊！孔子和美丽老板娘独处，到底所为何事？”事实上，两人只是碰面后简单做了商讨，但该“绯闻”却逼得孔子不得已发誓：“如果我做了出格的事情，就让老天来惩罚我！”

所以，如果你现在正为别人聊你的“八卦”而感到困扰，你首先要明白，从古至今你从来不是一个人在“战斗”。

可能会有同学问：为什么大家喜欢起哄、“聊八卦”呢？一方面，每个人都有猎奇心理，对他人的隐私感兴趣，因此当有人传出绯闻时其他人就会好奇，想了解该绯闻的详细情况。平时我们说的“聊八卦”就是一个体现。比如，你在放学后看到班级里几位同学在教室的一角窃窃私语，隐隐约约能听到你和一位异性的名字，此时的你一定好奇感爆棚，想知道别人在聊什么内容。如果他们是聊别人的故事，你甚至会想加入其中，一起聊天，一起分享。另一方面，也会有人通过故意制造“八卦”、故意起哄的行为来博得他人的关注，这会使他们产生人际交往中的满足感。当然，“聊八卦”、起哄也被一些同学视为学校生活中消磨时间或者缓解压力的方式，毕竟校园生活并不是每时每刻都精彩，甚至大多数时间里都要面临繁重的考试压力。

总而言之，“传绯闻”是青少年时期的普遍现象。这个时期的我们对异性懵懂而又好奇，也有的同学因大家的误会，陷入被杜撰的“绯闻”陷阱。不管怎样，适度地聊一些同学间的趣事可以是一种放松、拉近人际关系的方式，但如果聊天内容给同学造成了困扰，我们一定要及时停止，过分起哄是一件不礼貌且伤害他人的事。

假如你是上述故事中的当事人子宸，正在为被同学起哄而烦恼着，你会怎么做呢？首先你要判断清楚，同学的起哄是属于“无中生有”还是“事出有因”。

在上学时，如果我们和异性相处时行为太过于亲密，常常会被扣上“有猫儿腻”的帽子。比如，有的同学指出林子宸每节课下课都会去找该女生，也有同学说看到他们两人聊天的时候头都要贴到一起去了。想要和异性成为好朋友又不被其他同学说三道四，那就要和异性保持合理的距离。

人际交往中的社交距离理论告诉我们：从身体直接接触到相距约 45 厘米之间，是亲密距离，适用于夫妻或者情侣之间；45 ~ 120 厘米是私人距离，适用于朋友、熟人或亲戚之间。

你可以反思自己和异性同学之间的社交距离、行为，是否容易被他人误认为“情侣”。有人曾用“三八线”来形容男生和女生之间的相处距离，那么，你和异性的“三八线”设在了哪里？有没有比别人更近些？如果答案是肯定的，那就难怪被人起哄了。

当然，除了社交距离之外，我们也有很多时候莫名其妙就被别人起哄误会。此时，若“传绯闻”影响到你，给你带来了困扰，微笑无视、忽略它就是最简单的办法。不去回复，也不去争辩，不和其他人浪费时间、浪费口舌，保持自信，展示真实的自己，大多数情况下该谣言就会自行消失。

有些时候别人起哄就是故意想看你的反应，如果你恰好表现出了生气、痛苦、挣扎，那就让他们恶作剧的心理得到了满足，之后只会更加过分地起哄。你若用无所谓的态度去面对他们的恶作剧，让他们感觉做这件事在你身上讨不到乐趣、是无趣的，此事也就会不了了之。当然，你也可以效仿孔子在面对“八卦”和“绯闻”时的处理方式：用坚定的、不容置疑的态度去证明自己的清白。

异性相处“三八线”

一项对青少年的调查研究显示，男生、女生对异性相处界限的看法是有差异的。比如，多数人认为“男生和女生几个人一起活动”是可以容许的相处限度，也有同学会刻意回避有异性存在的业余活动。大部分青少年会在异性面前表现得自然、大方。

你可以从你的生活经验出发，或是采访班级里的同学，了解他们对异性相处界限的看法：男生、女生之间保持怎样的相处行为是合理的？“三八线”应设置在什么距离？

介绍一位异性朋友

有人问：“男女之间会有纯友谊吗？”事实上，异性之间不仅可以有纯友谊，甚至可以成为亲密的好友。

在青春期，男生和女生相处是同学之间非常正常的现象，只要我们和异性正常交友，就可以结交到关系较好的异性朋友。

回想一位你身边的异性朋友，请将他（她）的外貌特点、性格特点，还有你们之间给你留下深刻印象的相处经历写在下方的空白处。

3 在秋天遇见爱情

看见别人谈恋爱了，我也想谈恋爱

身处情窦初开的年纪，身边谈恋爱的人也不少。明明知道不合适，但自己也会好奇或者向往，是去试试，还是坚决抵制？我们可以做些什么？

宋语昕看到同桌的男生经常下课给前桌的女生接水，不由得提出一个问题："你为什么不给我接水，只给她接水？"周围顿时安静三秒，当事双方仿佛被噎住，最后好朋友子宸把宋语昕拉离现场，问她："你难道没发现，他们两个有情况嘛！"一语惊醒梦中人。宋语昕一边消化着这迟来的领悟，一边控制不住地去寻找更多蛛丝马迹，哦，原来这两个人上课传的纸条，下课以后的一起消失，还有你来我往的眼神，都是恋爱的线索啊。近距离看着别人谈恋爱，宋语昕忍不住嘴角上扬，甜死了！“嗑”到了！甚至有时也会想，什么时候甜甜的恋爱才能轮到我呢？

青春期的情感萌动很正常，男女天生在身体和性格上的不同与互补，会让异性相互吸引。这种吸引的过程给人带来被关注、被认可的感觉。在美国著名社会心理学家亚伯拉罕·马斯洛的需求层次理论中，人类有归属和爱的需求，人们都希望可以归属于一个群体，希望成为群体中的一员，并相互关心和照顾，渴望得到爱——既包括伙伴之间的爱，也包括爱情。在青春期我们形成自我认识的过程中，来自他人的认可是非常重要的，可以帮助我们提升自信心。在这种互相关注的过程中，男生和女生的需求并不相同。男生的情感发育比女生晚一些，女生对于情感的需求和感受比男生早一些。此时，女生对情感的期待更多，渴望男生的体贴和关心，而男生对异性的冲动和好奇更多。我们所看到的青春期的恋爱，可以分为不同的情况。

好奇型

性意识的不断发展让我们对异性身体、生活、心理及对自己的态度产生好奇，这是一种正常的青春期心理现象。为了满足这种好奇心，有的同学对异性的敏感度提高，有时受外表、特长的吸引，有时因为别人起哄，就顺水推舟地尝试了谈恋爱。

许多青少年说："我喜欢她，因为她爱笑、爱帮助别人。""我喜欢他，因为他长得帅、成绩好，班里的女生都喜欢他。"其实这些都只是对异性的好奇与欣赏罢了。

补偿型

对于一些在家庭中得到的温暖比较少，亲密朋友也比较少的同学来说，恋爱更多的是一种情感补偿。为了弥补生命中的情感缺失，他们渴望从新的关系中寻找安全感、归属感和亲密感。有的同学甚至会在网上寻找虚拟的"亲密关系"，在网友那里得到了关怀，便认为这就是珍贵的爱情。

叛逆型

一些男生、女生会刻意模仿大人的行为，如抽烟、喝酒、染发等，只是为了证明“我长大了，可以做和成年人一样的事情了”，包括穿着、打扮、谈恋爱等。他们既对成人世界充满好奇、向往，又害怕家长、老师的责罚，在“你们越不许我这样做，我偏要这样做”的冲动下去谈恋爱。

模仿型

就像宋语昕，看着别人谈恋爱，自己也心生向往。因为我们大脑中有个神奇的存在叫作“镜像神经元”。

1996年，意大利帕尔马大学的神经生理学家贾科莫和他的研究团队在一次对猴子的研究中发现了镜像神经元。他们在猴子做一些动作（如抓取香蕉）时，记录猴子大脑中某个神经元的活动，结果意外发现，有一些神经元既会在猴子自己完成动作时被激活，也会在猴子观察实验人员完成动作时被激活。就像大脑中的一面“镜子”，把看到的他人行为映照在大脑中，就像自己真的在做同样的行为一样。

镜像神经元让人天生就具备模仿的本能，小宝宝看到大人笑自己也会笑，看到别人敲打桌子，也会学着敲打桌子；我们看到别人打哈欠，自己有时也会跟着打哈欠，哪怕不打哈欠，也有想要打哈欠的感受。

美国著名发展心理学家爱利克·埃里克森的心理发展阶段理论告诉我们，人生每个阶段都有需要去体验的重要任务。从下面的表格中我们可以看到，体验爱情的阶段是成年早期，而此刻的你需要不断修炼“爱”这项关键能力。

阶段	年龄	矛盾	体验
婴儿期	0～1.5岁	信任VS不信任	希望
儿童早期	1.5～3岁	自主VS羞怯	意志
学龄前期	3～6岁	主动VS内疚	目的
学龄期	6～12岁	勤奋VS自卑	能力
青年期	12～18岁	自我统合VS角色混乱	忠诚
成年早期	18～25岁	亲密VS孤独	爱情
成年中期	25～65岁	创造VS停滞	关怀
成年晚期	65岁以后	完善VS沮丧	智慧

发现爱、感受爱、维护爱的能力

看到已经拥有的亲情和友情是怎么让我们的人生变得丰盈而美好的，表达对亲人、朋友的感恩与谢意，提升自己直面冲突、处理矛盾、维系感情的能力。

好好爱自己的能力

好好吃每一顿饭，累的时候就去休息，关注自己情绪的变化，难过、失落的时候允许负面情绪存在，并且好好抱抱自己。不因为一点挫折就觉得自己很糟糕，把每一个困难都看成成长的加油站，爱自己的优点，也接纳自己的不足。好好爱你的生活，哪怕经历风浪，也相信太阳一定会升起。

好好爱别人的能力

好好爱你的父母，哪怕你们彼此有那么多的不理解和争吵，也不要关上沟通的门；好好爱你的老师，哪怕你不喜欢他的某些话、某个做法，也请给予该有的尊重；好好爱你的朋友，哪怕你们有矛盾冲突，也不放弃表达你对这段感情的重视。

和异性正常相处的能力

古人云“男女搭配，干活不累”，男生和女生正常交往益处多多，能够很好地互补和相互激励。

有这样一个实验：开始时只有同性在一起野餐，他们狼吞虎咽、一片吵闹。后来让男生和女生混合野餐，结果男生绅士了，女生也优雅了。这种表现就叫“异性效应”。

利用“异性效应”，可以取长补短、完善个性，可以提高学习和活动效率，可以激励自己奋发向上。所以，要学着用平衡的心态看待男生和女生的正常交往，不要总是想得太多，只要自己问心无愧，你们的关系就不会偏离友谊道路。

如果此时你心中有喜欢的人，请把这份美好的情感藏在心里，看它是否经得起时间的考验。只有多年后走向更广阔的天地时，才有可能发现那个真正属于你的人；如果多年后阅尽千帆归来，心里还是那个人，届时你们会比现在获得更多的祝福。

等一等，到秋天再遇见爱情

我们可以一起朗读这首小诗：

等一等

等一等，等你的肩膀更厚实些

让我们依旧保持沉默

我多么珍惜这天真羞涩

你也可以继续保持那份青春活泼

等一等，我们的肩膀都还稚嫩

扛不起太多的责任

等一等，等你的肩膀更厚实些

那时我也懂得了什么是成熟的果实！

世界和我爱着你

有些时候，我们想要谈恋爱，只是渴望那种被爱着的感觉，那种被别人在意、捧在手心的滋味实在太美妙。

让我们来回答下面的题目吧，看看你身边的爱都是以哪些不同的形式存在着。

请思考，当你遇到以下情景的时候，你会找谁？

A. 当我遇到学习上的困难，我会找________帮我答疑解惑。

B. 当我想要去一个地方玩，我会找________一起。

C. 当我孤独的时候，我想找________陪伴。

D. 当我需要做一些重要的决定，我想听听________的建议。

E. 当我有了好消息，我想找________分享。

F. 当我________的时候，________（谁）会________（怎么做）。

我知道有很多人爱我，这是很确定的事情。

4 初恋这件小事

我喜欢上了一位异性朋友，要去表白吗?

电影里的恋爱看起来那么美好，男女主人公一见钟情，都不用互相交流就能明白彼此的心意，不用担心什么，也没有什么阻碍就能开始甜甜的恋爱，一起做很多浪漫的事情，还收获了周围亲朋好友的花式祝福。现实生活中，如果被丘比特之箭射中了，为什么总是会有这样那样的担心和顾虑呢?

校园歌手大赛上，子宸的一位女同学唱了一首《小城夏天》，这是子宸第一次听她唱歌，也仿佛是重新认识了她。此后，子宸总是会回忆起女孩唱歌的嗓音、甜美的面庞、自信的笑容。上课时，子宸会偷偷看她在做什么；老师点她起来回答问题时，子宸也会心跳加速；交作业时，两个人的作业本叠放在一起，子宸就会认为一定是上天注定的缘分……渐渐地，子宸觉得自己喜欢上了她。

后来和这位女生相处时，子宸也没有以前那么自在了，想和她说话，总要准备好久，站起来想走向她，手心却在微微出汗。子宸担心自己的小心思被看出来，总是一次又一次走到她座位旁，又走过去。忽然有一天，一句话飞入了他的脑海："如果她能做我的女朋友，该多好呀！我要不要和她表白呢？"

心理学家做过一个实验，发现人们更偏爱某一对象，仅仅是因为对这个对象更为熟悉，这个现象也被称为"曝光效应"。

在人与人的交往中，我们见到某个人的次数越多，越会觉得这个人让人喜爱。正所谓"近水楼台先得月"。人们很容易对自己的朋友、邻居等这些总是出现在身边的人产生好感，不是因为身边的这个人比其他人优秀，而是看多了自然就喜欢。

对于青春期的我们来说，这种心动的感觉既陌生又美好，就像《少年维特之烦恼》里说的："这是人性中的至真至纯。"从幼儿园里不分性别的共同玩耍，到小学里的划分男女界限，再到青少年的对异性好奇，甚至怦然心动，这都是身心正常发展的体现。

为什么我们会对异性产生心动？

首先，大自然的规律：异性相吸。性别的不同本身就会让异性之间产生吸引力。从小我们就会发现爸爸妈妈在外貌、性格、家庭分工上是不同的，慢慢长大后我们会对身边的异性同学产生好奇："男生怎么长了胡须？""女生怎么穿了小背心？""这件事他/她会怎么想？"……这些好奇都很正常。我们还会追异性偶像，不管是因为颜值还是品质，他们都充满了吸引力。

其次，我们身边的环境充满了暗示。在家里看到父母的恩爱互动，在学校看到同学偷偷摸摸地牵手，还有电视剧和小说里甜甜的恋爱，看起来都那么美好，让人产生了解异性的渴望，甚至忍不住幻想："如果主角是我……那也太幸福了！"

最后，对美好的追求。心动的感觉有时说来就来，"因为身高”“因为声音”“因为他给我递了一张纸”“因为特别的味道”“因为一句话”……不管是清秀美丽的外貌，还是特别的才华，抑或张扬的个性，都是那么美好。美好的东西本身就带有吸引力，容易在内心的湖泊投入一颗石子，泛起阵阵涟漪。

有的人希望通过表白收获爱情，有的人希望通过表白展示自己的勇气，有的人希望通过表白向周围人炫耀“你们看，我也有喜欢的人”，也有的人希望通过表白来试探对方的想法：“如果她也喜欢我那最好，如果她不喜欢我就算了，我再换一个。”在珍贵而纯真的青春里，表白是勇敢的，也是纯粹的。

那么，如果你是子宸，你要不要表白呢？想一想，表白的结果大致可分为几种？要么成功，要么没有回音，要么被明确拒绝。你能否接受对方的拒绝？以后你们还能做回好朋友吗？如果别人知道了该怎么办？就算表白成功，恋爱的过程除了甜蜜一定也会有矛盾，你知道如何化解吗？你们要如何面对老师和家长？表白以后的每一种结果可能都会伴随狂风暴雨，你真的准备好向前走了吗？

美国心理学家罗伯特·斯滕伯格指出，爱情包括三种成分：亲密、激情和承诺。“亲密”包含对彼此的尊重、支持、理解和关心，代表着两个人在一起是平等的，能真诚沟通、相互帮助、共同成长；“激情”更多受外表或内在魅力的诱发，强烈地渴望与对方在一起；承诺是“天长地久”的约定，包括对彼此的忠诚、责任等。在爱情中，这三者缺一不可。缺少了某一成分的情感，便不是真正的爱情。

对青春期学生的“心动调查”发现，有的心动是基于颜值的，“看着他的脸，我就很开心了”，但亲密和承诺不足；有的心动是出于交流的需要，“和她聊天非常愉快，感觉她很懂我”，但激情和承诺不够；有的心动是虚荣心作祟，“大家都有喜欢的人，如果我没有，是不是代表我不正常？”，在这种情况下，亲密、激情和承诺都不存在。

很多青春期的学生容易把“好感”误认为“这就是爱情”，或者坚信异性之间只有爱情没有友谊。事实上，在青春期对异性产生好感和喜欢异性是很正常且美好的情感，不需要昭告天下，可以用很多方式来传递，如默默守护，也可以不露痕迹地正常交流，可以帮对方做一些力所能及的事情，更重要的是，让这份喜欢成为促进自己变得更优秀的力量，这是对自己和对方负责任的做法。

如果你收到了“爱情”表白，请不要嘲笑、侮辱、伤害，甚至公开对方的言行。你可以立场坚定地拒绝，但要保持尊重，避免伤害。如果你的表白被拒绝了，也请尊重别人的想法，不要心怀怨恨，做出伤害对方的事情，也不要因此而自我贬低，觉得自己很糟糕，这并不能代表你不优秀。要理智对待别人的选择，让对方知道，真正喜欢你的人是会尊重你的，也要告诉自己，如果你真的喜欢一个人是不会伤害他的。

此外，无论是收到了表白还是想要表白，只有等到自己真正能负责任的时候再做决定，才是更明智的选择。

我是不是恋爱脑？

都说一段美好的恋爱可以让人成长，但如果你发现自己有了以下迹象，请提高警惕，并在学习生活中丰富自己的兴趣活动，确保你是你自己，没有迷失自己。

□ 总是想着对方，难以专注其他事情。

□ 容易患得患失，情绪起伏极大，非常感性。

□ 感觉离不开他，分开的时候时刻想要保持联系。

□ 和密友聊天，三句不离喜欢的人。

□ 满心满眼只有对方，只顾满足对方的需求而忽视自己的需要。

□ 开启“恋爱滤镜”，对方哪怕再糟糕也觉得他是天底下最好的人。

□ 表白失败就崩溃，觉得活不下去了。

父母的爱情故事

请你采访一下父母，听听父母的爱情故事。比如，在你这个年龄，父母有没有对异性产生好感？父母是怎么处理对异性的好感的？父母的爱情是如何开始的？恋爱的过程中有哪些印象深刻的故事？父母心中爱情的含义是什么？

5 我想把家长关在门外

我总是忍不住和爸妈吵架，他们对我管这管那

不知道为什么，最近老是和父母吵架，有时候他们说的话真的让人难受。什么时候他们才能把我当成大人？什么时候才能不对我指手画脚？

关于暑假的生活安排，子宸本来想心平气和地与爸妈好好谈谈。他跟父母说："爸、妈，暑假到了，我给自己制订了一个暑假计划。我的计划是这样的：每天早上8点起床，上午学习1小时，下午学习2小时，户外活动1小时，其余时间看电视或找朋友玩。"妈妈听了，赶忙说道："那么多时间用来玩干什么？

都说暑假是弯道超车的时机，为什么不多安排点时间来学习呢？”子宸反驳道：“都放暑假了，我只是想要多一点休息娱乐的时间啊！”双方说着说着没忍住，吵了起来，最后子宸跑进房间，妈妈还追进来念叨他。“真想关门！”这种事已经不是第一次发生了，子宸又委屈又生气，自己明明想好好说话，但感觉爸妈根本不理解自己，只会管这管那，每次说不到三句就要吵架。暑假还有这么长，要怎么熬呀？

吵架真的让人感觉很糟糕，就像情绪的大浪扑来，身体完全失控，没有地方可以抓住，也没有地方可以落脚，让人惊慌而绝望。最后，都忘了初心是冷静沟通，只顾发泄自己的情绪，发泄完以后又后悔：事情怎么变成这个样子了？我是不是不孝顺了？如果爸爸妈妈能理解我一些该多好！身处复杂情绪旋涡中的你辛苦了。不过，你知道吗，吵架不代表不孝顺，哪怕吵得再激烈，你心中爱着爸妈的那个部分也会一直在。同样地，吵架中的父母，心里一定也有爱着你的那部分。所以，吵架不代表不爱了。

为什么以前我们可以和父母好好说话，现在总是“忍不住”吵架呢？小时候的你安然自在地享受着父母的照顾与呵护，也时时事事听父母的话，按父母的期望做个“乖孩子”。那些“不要”“不想”“不愿意”去哪里了呢？我们小时候，通常会选择以下几种方式应对：

①自己躲在被子里哭。

②写日记发泄，当然写完要锁好，如果写的内容被爸妈看到要“完蛋”。

③心里想无数遍“没人爱我，我要离开这个家”，等到真的“离家出走”时，没走两步就装作没事一样回家了。

发现了吗？那时的我们没有力量直接向父母表达我们的情绪和想法，而现在每一场“忍不住”吵的架，都充满了直面情绪与需求的勇气，这些勇气都是“自我认同感”的发展带来的。

美国著名心理学家埃里克森认为，青少年关注“我是谁”，在学习和生活的各个方面都有自己的想法，乐于探索自己的特点，这是独立人格发展的表现。

所以，吵架的背后还隐藏着两个成长的信号：第一个信号是我们正在重新看待什么是“爱父母”，什么是“爱自己”。爱父母不代表要委屈自己，事事都听父母的；爱自己不是自私的表现，而是能力的体现。第二个信号是现在的我们有了更多自己的想法，更渴望独立和尊重，当与父母的想法起冲突时，也有力量表达自己的意见、捍卫自己的立场。

加拿大心理学家詹姆斯·玛西亚把自我同一性发展划分为四种状态（见下图）：同一性延缓，同一性扩散，

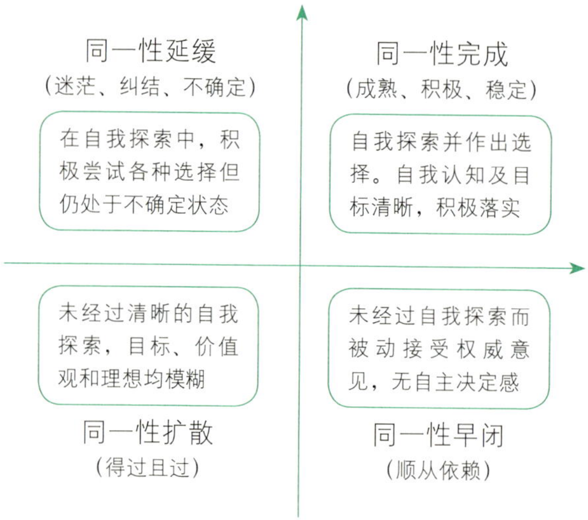

自我同一性发展的状态

同一性早闭，同一性完成。我们可以看到，子宸正处于同一性延缓的状态，对自我认识存在很多不确定但仍在积极探索。

随着“自我同一性”的不断发展，我们与父母的关系也会发生变化。在幼儿园和小学阶段，我们忽视了和父母的冲突，或通过忍让维持表面的风平浪静。而此时此刻，我们可能已经进入冲突阶段，走向独立，敢于直面分歧。不过独立与分离的过程注定不是一帆风顺的，我们面对的是两代人之间思想、价值观巨大差异的冲击。你在经历着冲击，父母也一样。

对早已习惯为孩子遮风挡雨的父母来说，放下担心和牵挂不是一件容易的事。父母口中的“我吃过的盐比你走过的路都多”背后有着“万一你走了弯路”的担心，“我都是为你好”背后有着“万一你受了苦”的心疼，“你都要听我的”背后有着“我会为你负责任”的不舍。

我们需要更多机会让父母感受到“我的孩子长大了”，需要反复和父母讨论对彼此差异的感受、想法，需要反复和父母表达：“我很在意你们的意见，我也希望你们能听听我内心最真实的感受和渴望。”

在这个反复且艰难的过程中，我们会面临不被理解或者被指责，从而产生放弃的想法，走向两个极端：

A.“算了，你们想怎么样就怎么样吧。”带着无力与无奈，放弃沟通，也宣告自我保卫战的失败。

B.“我不听，我就要按自己的意思做。”耳朵一闭，房门一关，我的世界你别管——以决绝的方式斩断了沟通的桥梁。

有什么方法可以让我们通向“与父母达成共识，我从中获得了独立感，也得到了父母的支持”的彼岸呢？

放下对“完全”理解的期待

因为父母在我们出生时就成了父母，在小时候的我们心目中，父母是无所不能的神，所以我们自然认为，父母应该很爱我、很懂我、很相信我、很理解我要什么。但事实上，父母也是普通人，他们也会犯错，会担心自己做得不够好，也会担心对你的了解不够多。所以多和父母沟通，不仅说大事也说小事，不仅说好事也说坏事，能让父母更加安心，也能了解你。父母知道得越多，越能更准确地给你想要的支持。

放下对“完全”认同的期待

沟通的目的是引起双方的重视，找到一条可行的道路，而不是辩论，只求输赢与对错。

有时候我们太渴望得到父母的认可与肯定，以至于当父母流露出“不认同”的态度时，我们会感觉非常挫败和沮丧，于是就忘了沟通的初衷，忙着“争口气”。这时，你要提醒自己，父母否定的是“我的观点”而不是“我这个人”。当我们清楚“观点”是“观点”、“人”是“人”时，就不会被情绪带着走，而是更多运用理智来交流。

美国纽约州立大学助理教授、青少年问题专家塔比莎在调查中发现，青少年与父母发生了激烈的争吵后，反而与父母的关系更加亲近了，因为在冲突中青少年学会了如何表达自己、倾听他人，如何培养健康的个性等。

逃避不丢人且很有用

“我不想吵了！”“我要关门！”这些行为并不丢人，当你遇到非常大的挑战时，逃避一定程度上能帮你减轻痛苦。

人类不是机器，有血有肉，会累会疼，即便是战士也需要休息。在某个时刻选择逃避，并不代表我们是逃兵，而是给自己冷静的空间，不被情绪控制，避免发生更大的冲突，或者做出让自己后悔的事情。静下来以后，我们能更加客观地看清当下正在发生什么，或许还能找到新的解决办法。

你可以填一填并读一读下面的小诗：

当我和父母在一起待太久的时候

当我和父母快要吵起来的时候

当我发现没有办法达成一致的时候

当我快要控制不住自己情绪的时候

当____________________的时候

对自己说

逃避不丢人且很有用！

吵架后修复：共同解决问题

为了避免下一次再因为类似的情况吵架，可以试着用以下方式进行沟通。

语言表达

如果你想传递“这点小事不值得吵”的想法，会选择以下哪种方式？

①成熟点，这种事有什么好吵的，真是太莫名其妙了。(　　)

②我觉得以后遇到这种事，我们应该先沟通一下，你肯定是想解决问题的，我也愿意听你的心里话，吵架并不能解决问题。(　　)

点评：②的处理方式比①好

非语言表达

如果你想表达“别吵了，比起事情我更在意你”的想法，会选择以下哪种方式？

①一句话都不说就离开现场。(　　)

②拍一拍对方，说：“好了，我们都先冷静一下。”(　　)

点评：②的处理方式比①好

6 开一场家庭会议吧

父母总是不了解我，我能怎么办？

“父母总是要求我按照他们的意思来做事，可是他们并不知道，也不关心我真正在想什么！”我很渴望父母能理解自己，我应该怎么做呢？

宋语昕看中了一条裙子，妈妈看了却说：“女孩子穿这个像什么样子？”宋语昕认为，妈妈给她买的裙子太丑了，根本不想穿出门。

白天和同学聊到了现在流行的网红直播，晚饭的时候和父母分享后，收到的却是要好好学习别管其他事情的告诫。宋语昕悻悻地回到自己房间，看着桌面上的作业、桌斗里的时尚杂志、书柜上的全家福、床头的偶像照片，宋语昕总有一种说不出来的感觉。

宋语昕很羡慕朋友的妈妈，尽管朋友也会抱怨她妈妈，但她妈妈愿意陪她一起追星、一起穿破洞牛仔裤，她们总有聊不完的话题。而自己的爸爸妈妈似乎关上了和她聊天的窗户。怎么才能让父母更加理解自己呢？

很多青少年表示父母不理解自己，背后所透露出的孤独感和渴望被人理解的心情是多么无奈。事实上，这些感受和我们的身心快速发展是有密切关联的，说明我们进入了“心理断乳期”。

人一生会经历两次重要的断乳期。第一次是婴儿期，随着生长发育，身体对营养有了更多的需求，母乳已经不能满足生长的需要了，这代表着宝宝可以离开对妈妈乳房的依赖。第二次就是青春期，自我意识的发展让我们更希望能时时、事事按照自己的想法来。因为我们觉得自己长大了，能做更多决定、承担更多责任。

在这个阶段，我们大脑的边缘系统（情绪系统）会变得非常活跃，很容易被激怒，一言不合就爆发。有时，我们会过度解读别人的情绪，哪怕感觉到一点点敌意，都可能发起猛烈的反击。与此同时，大脑中一些让人快乐兴奋的神经递质（如 5- 羟色胺和多巴胺）会变少，使得我们更加情绪化，对压力更敏感。所以很多时候我们虽然表现得桀骜不驯，但其实非常渴望得到父母的尊重。

尊重我的界限

比如，希望拥有自己的房间，最好墙纸的颜色都是自己选的。希望回家以后可以关上房间的门，爸妈进我的房间要敲门，不要随便进来帮我整理东西。我不想事事和父母说，有的事我宁愿和好朋友说，主要是怕父母不理解，怕父母担心。

尊重我的想法

希望父母不要嘲笑我的想法幼稚，或者一口否定我的想法，毕竟这是当下的自己能想出的最好的想法了。

如果只是抱着这些期待等待父母的改变，那你可能会很失望。因为在“心理断乳期”这个特殊而重要的时间段，感觉慌乱和不适应的不仅仅是你，父母也在经历着这些变化。

“为什么以前听话的孩子现在不听话了？”“是不是我做得不够好？我还不够关心他吗？”“我怎么才能理解他呢？”父母也受到各种各样问题的困扰，并且急于寻找答案。所以你完全可以主动成为“沟通者”，及时把自己的想法与父母说一说，只有让父母更多地了解你，才有可能找到新的相处之道。

什么时候适合沟通呢？现今，家中每个人都很忙，父母忙着工作，孩子忙着学习，吃饭的时候不适合聊正事，而有空闲了却在各自看手机。不妨全家人商量一下，安排一个固定的时间召开“家庭会议”。

在会议中，每个人都有参与和表达的权利，大家一起寻找生活的最优解。一场家庭会议主要包括准备流程和会议流程两个部分（见下表）。

家庭会议的流程

准备流程	1	收集话题	这是家庭会议召开的关键，你困惑的问题、没有机会表达的情绪、希望得到支持的事情都可以作为话题。在这个过程中，每个家庭成员都有权利说出自己真实的感受和诉求。可以提前用便签条来收集

续表

准备流程	2	确认话题	从收集到的话题中，按照事情的紧急程度和重要性排序，确认本次家庭会议要讨论的话题，一般不超过3个。刚开始的时候，可以只聚焦一个话题，慢慢熟悉流程后，可以增加话题数量
	3	确认会议信息	包括时间、地点等，需要至少提前一天确认，让大家都有准备，也能安排好自己的时间准时参加。可以像学校的茶话会一样准备一些水果、点心，让氛围更加温馨融洽。也可以准备好发言席、计时器。发言席保障了每个人的表达不被打断的权利，计时器可以控制时间，避免拖沓。如果需要更改会议时间、地点，需要提前至少半天说明。违约的人需要做3件好事来表达歉意。这个遵守约定的过程，也是在践行“每个人的时间都很重要”的理念
	4	确认分工	可以设置主持人、计时员、记录员等。主持人一开始建议由大人担任，负责走流程和把控时间。等大家都熟悉“家庭会议”的流程后，孩子也可以尝试担任。计时员负责提醒每个人发言的时间。记录员负责做好本次会议的纪要，在下次会议上可以复盘上一次会议决定的落实情况

会议流程	1	送你一朵小红花（5分钟）	每一位家庭成员都要参与，大家轮流发言。说一说过去这段时间想要送给家庭中的谁一朵小红花，以表达赞美或者感谢，也可以感谢自己。发言要拒绝“假大空”，要说出具体的事情和理由。这是一个不管时间多么紧凑都建议保留的环节，因为让爱和友善流动是最重要的事
	2	话题讨论（20分钟）	话题讨论有多种方式： 第一种是纯分享，不需要讨论。这个环节只是需要表达、告知。大家不需要给出建议，只要学会倾听。 第二种是需要提出问题的解决方案。比如，对于“暑假的家务如何分工”这一话题，家庭成员往往需要各自认领、责任分摊，在这个过程中，每一位家庭成员都能表达自己的需求，也需要承担一定的责任与义务。 第三种是需要做出决定。比如：暑假去哪里玩，并说出理由，可采用投票表决的方式。
	3	亲子游戏（5分钟）	全家共同参与小游戏，如“谁是卧底”、亲子扣杯子游戏等，在愉快的互动中增进亲子关系。这个环节如果时间不够，也可以放到会议之外的其他时间。

在家庭会议中，要学会表达感受而不是提出批评。试着比较以下两种表达方式：

A.“我觉得你不理解我，一直在勉强我做我不想做的事。”

这句话是在提出批评，让人听起来觉得自己被指责了，父母常常会更加愤怒，自然不愿意接受我们的想法。

B.“这件事情对我来说很困难，我一想到要做它就很紧张，完全没有办法思考。”

这种方式是表达感受，会让父母关心和了解你恐惧和紧张的原因，你们也可以再商量其他的解决方式。

刚开始进行家庭会议的时候，常常会遇到一些困难，如大家不重视、想法不能达成一致等，家庭会议常常因为各种原因而无法坚持。但经过一段时间的磨合，大家都能用更加包容、理解的心态投入其中，家庭中的每个成员的真实想法也有机会表达并且不会被批判。你会发现，家庭会议是家庭中彼此理解和沟通的有效方式。

父母的成长纪念册

在某一次家庭会议中，设置一个环节，由你担任主持人，采访父母的成长经历。

通过了解父母的成长故事，你会发现父母很多想法和做法也是由“过去经历”决定的，便能够更加理解为什么现在的他们是这个样子的。你可以围绕以下问题来提问：

①成长过程中最骄傲的事情是什么？

②成长过程中遇到的最大挫折是什么？

③成长过程中与自己父母的关系怎么样？

④成长过程中最遗憾的事情是什么？

⑤如何看待这些经历？

⑥其他你好奇的关于父母的问题______________

亲子沟通小游戏：蒙眼撕纸

活动准备：眼罩或者丝巾，一张纸。

①一人担任发令人，一人用眼罩或丝巾蒙住眼睛，担任撕纸人。

②发令人可以下指令：对折再对折，撕掉一个角，再撕掉一个角（下口令时可以发挥你的创意）。

第一次撕纸时，撕纸人不许向发令人提出任何疑问，发令人也不需要做任何解释；第二次撕纸时，撕纸人可以向发令人提出疑问，但发令人不可以进行详细的解释和描述。

③对比一下两次的作品是否存在差别。发令人和撕纸人可以交换角色再次体验。

这个小游戏可以让参与者感受到在沟通中提问和反馈的重要性。

Part 3

社会“万花筒”

1 以偶像的名义

妈，我追星怎么了？

你或者你身边的同学有人追星吗？父母如何看待你的追星行为？他们会因为追星而批评你吗？

“你看你喜欢的都是什么乱七八糟的！”妈妈正生气地数落着宋语昕，“看看你房间的墙，被你搞得一塌糊涂！这贴的都是什么海报？！”“每个星期给你的零花钱不好好用，就知道买这些没用的玩意儿！”“还想去什么粉丝见面会，你难道不知道这次期末考试考了几分吗！”把头埋在被子里的宋语昕偷偷地翻了个白眼，她小声顶嘴：“平时追星都不怎么说我，这次不就是因为期末没考好嘛。”“就是因为你天天想着这些没用的东西，成绩才越来越差！你看看咱们邻居家的小姑娘，每天回到家就学习，哪像你整天想着去买谁谁谁代言的洗发水，还要去什么见面会！”眼瞅着妈妈唠叨个不停，宋语昕掀开被子，生气地说：“妈，我追星怎么了？”

事实上，青少年追星是一种非常普遍的现象，它是我们心理日趋成熟的体现，可以说每一时代的青少年都有属于他们的偶像。你的父母可能不了解新生代的明星，但是他们年轻的时候也许也喜欢过一些明星，这些人曾经也照亮了父母年轻时的岁月。

我们之所以会从青春期开始有喜欢的偶像，主要有三方面原因。

我们能在偶像身上找到自我认同

偶像往往都带有成功的光环，他们外表出众、多才多艺，在聚光灯前闪闪发光、万众瞩目，他们是名流晚宴的常客，也是时尚新潮的代言人。我们对偶像的追寻，其实也是对自我的追寻，是对美、独特、被关注的追寻，希望自己有一天也能像偶像般成为人群的中心。心理学家埃里克森曾把人的一生分成八个成长阶段，每一阶段都有该阶段的成长任务，而青少年阶段的成长任务就是寻找自我认同。因此，追星就是在追逐更好的自己，透过偶像看到了一个更闪光的我们。

喜欢偶像是我们对情感的替代性表达

进入青春期后，我们对情感的需求愈加强烈，渴望有这么一个人，能够照亮我们平凡的生活。这个人可以是同学、朋友、知己，甚至是恋人，但是你也知道，有些时候这种情感需求很难向他人表达。此时，偶像就像蒙蒙的细雨洒落在我们内心世界中的情感荒漠，成为我们的情感寄托。对偶像，我们可以大胆地表达出喜欢：将他们的照片放在自己的铅笔盒里，在房间墙上张贴他们的海报，购买他们代言的商品，甚至仅仅是因为他们路过自己所在的城市就感到激动。他们就像平淡岁月里的星辰，陪伴着多愁善感的我们，让我们的每一天都绽放光彩。

标新立异与从众

其实，并不是每一位追星的同学都有明确的喜欢的偶像，很多同学是通过“追星”这个行为来达成自己的需求。比如，有的同学为了标榜自己与他人不一样，或者标榜自己走在潮流的前线，所以会宣扬自己喜欢某某明星。然而，当有新的“时尚新闻”发生时，这些同学又会宣称自己喜欢上了新的偶像，这些行为都是为了证明自己与他人不一样，“追星”是标新立异的体现。另外，也有同学为了更好地融入某个小团体，希望与他人有共同话题，会借助追星与同伴保持一致。

相信我们的父母年轻的时候也有属于自己的偶像，他们的日记里也曾记载过对偶像的喜欢与追寻。在徐徐的暖风中、在涌动的暮色里，已经褪色的相片隐隐约约还会传来他们轻声的哼唱：“明天你是否会想起 / 昨天你写的日记 / 明天你是否还惦记 / 曾经最爱哭的你……”

那么，可能同样有追星经历的父母，为什么现在会教育你不要追星呢？一方面，父母可能认为上学时就应当以学业为重，追星会干扰你的注意力，使你的心思无法集中在学习上。特别是临近重要考试时，如果你还想着参加粉丝见面会、购买明星周边产品等，会让父母觉得你不重视学习。另一方面，现如今，追星已经延伸出了“饭圈文化”，部分畸形行为让追星变了质。

例如，有些明星为了自己的利益，与他人争夺“番位”，会雇用水军，组织粉丝群体去“撕战”其他明星的粉丝，引战、控评、互踩、拉黑、网络恐吓，还会诱导粉丝去打榜、重金购买专辑等，错误引导青少年过度消费，损害青少年的身心健康。比如，某明星即将推出新专辑，其粉丝中的大V（指具有影响力的人）会号召粉丝每人至少购买1000张专辑，并扬言如果不能为偶像冲销量就不配做他的粉丝。

以上乱象使得“饭圈”逐渐变成了“怪圈”，显然会对我们三观的养成产生不利影响，有些甚至会触犯法律。追星本身没问题，每个人都有自己的偶像。但是，过度的追星行为会因为追星而失了心智、乱了方寸，必然害人害己。

践行社会主义核心价值观，弘扬正能量，这是每一位守法公民都要做的事。偶像不例外，粉丝也不例外。

“饭圈”粉丝除了可以为自己的偶像打榜、控评外，其实能做的事情还有很多。比如，在新冠肺炎疫情防控期间，很多明星后援会成立了“爱心基金”，以偶像的名义为一线医院捐赠医用口罩、护目镜、消毒液等，也有粉丝群体以偶像的名义向贫困山区儿童捐赠书籍、教学用品等。

明星之所以称为明星，是因为其身份就具有社会责任，需要像“启明星”般驱散社会中的戾气、阴霾。那么，偶像就不仅仅是偶像，更是我们每个人的榜样。

所以，如果你再问我为什么要去追星，这里借用一位追星同学的话：“追星就是借着他的光，看到了自己从未看到过的世界。偶像就是自己的目标，是标杆，是茫茫黑夜里最耀眼的一颗星星，而自己就是想要不断向那颗星星靠近，不断努力追寻的追星者，最终我也会变成一颗闪耀的星。”

星光为何闪烁

每一个追逐星星的人，都有他追逐星星的理由。你现在有自己喜欢的偶像吗？你为什么会喜欢他？请你结合上文所述的追星理由，写出你追星的原因。写完后，可以和父母找个时间聊聊，问问他们年轻时有没有喜欢的偶像，以及他们喜欢这个偶像的原因。对比一下，大家追星有没有一些相同和不同的地方。

追星的边界感

追星本身没有错，有错的只是一些错误的追星行为。

从你的角度出发，你觉得什么样的追星行为 / 理念是可以接受的？什么样的追星行为 / 理念是不可以接受的？

请你写出自己的一些追星表现（如因为喜欢他的歌去购买专辑、为了帮他冲销量把所有的钱都用来购买专辑、在网上攻击每一个不喜欢他的人等），将这些行为讲给父母听，大家一起来探讨哪些行为 / 理念可以接受。

2 设置“家庭手机停机场”

明明作业还没写完，可是刷手机停不下来

手机仿佛是现代人的“外挂器官”，它给我们的生活带来了很多便利，是非常有用的学习工具，还能带来触手可及的娱乐体验。你拿到手机，会先打开哪个 App？王者荣耀、抖音、微信，还是爱奇艺？你每次会玩多长时间？是自己主动喊停还是需要父母强制没收？

已经晚上 8 点了，子宸想着时间还来得及，只有一门课的作业了，要不刷一下手机吧！就刷一会儿，放松一下。

子宸打开抖音，第一个视频太好玩了，他忍不住笑出声，感觉之前复习的疲惫都消失了。第二个、第三个……轻松的感觉真是太美好了。已经20分钟了，可是还没看够。子宸想：“要不再看一个？就一个，很快的。”

当子宸终于依依不舍地放下手机时，发现已经到睡觉时间了。子宸心想：“完了完了，我才看了几个视频，就已经这么晚了，可我的作业还有好多没做呢。早知道我就先写完作业再刷手机了。现在这么多作业堆在我面前，怎么办啊？”子宸很懊恼，怎么一刷手机就停不下来呢！

每天，无数大朋友、小朋友都和子宸一样仿佛被施了咒语，一拿起手机就停不下来，明明脑海中有个声音一直在说：“再玩5分钟就结束。”但就是停不下来，直到手机没有电，或者自己精疲力竭。

放下手机的你，仿佛结束了一场漫长的战役，但一想到自己又浪费了那么多时间，影响了做事的进度，你就感到懊恼和沮丧。

当你了解了大脑的特点，你就会知道，停不下来是天性。在这场大脑和手机的争夺战中，是否从一开始就注定我们会输呢？

凯利·麦格尼格尔在《自控力》这本书中提到了科学家做的小白鼠实验：科学家将电极植入小白鼠的大脑中，刺激某个区域，便会让小白鼠产生愉快的感受。结果小白鼠不断回到曾经受到电击的地方，渴望再次被电击。这个区域，就是大脑中的多巴胺奖励系统。每次被电击时，小白鼠都体验到一种渴望："这种感觉太好了，再来一次吧！"于是小白鼠反反复复体验着电击，直到力竭而亡。

人类的大脑中一样存在奖励系统，一旦得到一点奖励，大脑就会释放出"快乐因子"多巴胺，它会不停地对你说："继续啊，快，别停，还有更好玩的呢！"就像你每点开一个微信消息、每刷一个视频，你就会期待下一个会有什么样的精彩视频呢。

网络的设计就是基于大脑的这一天性，那些 App 时不时冒出来的红点总是像在对你说"快来点我呀"，微博每分钟更新的热搜也总是像在对你说"快进来看看有没有新的'瓜'"，基于大数据推送给你的视频总是精准地承包了你的笑点……而每一次点击屏幕的动作，都让"停下来"变得更难一点。

如果时间足够，“停不下来”也没关系，我们只需要欣然接受玩手机过程中的愉悦就好。但如果“停不下来”真的对我们造成了影响，就需要我们加以重视。这一影响不仅是浪费了时间，还消耗了精力。

我们常常会误以为刷手机就是休息，事实上刷手机的过程非常耗神，因为网上的信息太多太杂了，而大脑被迫持续接收大量的信息。这些信息还常常是碎片化的，需要大脑继续进行加工，在这个过程中，我们的注意力也被持续地转移和分散。

正如前面所说，放下手机也是一件非常消耗意志力的事情，所以刷手机的时候我们确实感觉轻松，可是刷完手机我们常常觉得注意力和意志力都下降了，更难全神贯注地做事。

如果想要大脑真的得到休息，可以闭目养神或看看窗外，可能这样做确实挺无聊的，没有刷手机有趣，但是从保护大脑专注性的角度看，无聊是了不起的宝藏。

我们了解了刷手机带来的影响，接下来就可以试着调整我们的行为。不过，任何生活习惯的调整都不容易，这个过程让人很不安："如果我不看微信群，会不会错过一些重要的消息？""如果我没有及时给朋友圈点赞，朋友会不会不开心？"……这些担忧很正常，但你需要确定此时此刻什么对你来说是最重要的，那些没那么重要的东西就让它们先排个队吧。比如，今晚把作业完成再好好睡个觉对你更重要，那刷朋友圈就暂时先放一放，等下次有空的时候，一口气点上它几十个赞。

如果你真的没有足够的意志力来快速作出调整，也不用苛责自己，因为应付日常的学习生活本身就已经很不容易，无数失败的例子告诉我们，意志力在容易上瘾的事物面前简直不堪一击。不信就看看身边那些宣告天下要好好减肥、好好运动结果都失败了的例子吧。所以，告诉自己没关系，并继续尝试进行以下调整：与其把手机放在身边，让自己一边学习一边还要直面诱惑，不如直接试试物理隔断法。

开启手机免打扰模式

当消息的"嘀嘀"声传来，当 App 的右上角又冒出一个红点点……就像长着角的小恶魔在说："快来看看我呀，很好玩哦！"与其用意志力去抵抗，不如把小恶魔出现的门给堵上：手机调成静音，关闭所有 App 的消息提醒功能，开启手机免打扰模式。你看，手机安静了，世界安静了，你的心也安定了。

设置“手机停机场”

在家里选择一个安全的空间用来放置手机，全家人可以通过家庭会议一起商定“停机公约”，明确家庭成员各自使用手机的时间、遵守约定的奖励、违反约定的惩罚等。

最开始手机不在身边时，你可能会感觉不舒服，好像丢了魂儿一样，总是下意识去找。等习惯了你就会发现，你不会总想着看一眼手机，也不容易被时不时冒出的消息提醒吸引，你会更加专注于手头的事情，效率也会更高。那些原本用来刷短视频、打游戏的时间，你可以用现实生活中更多有趣的事来替代，如打球、做手工等，这些都是实实在在的、有益于身心的快乐。

如果你足够幸运，你的父母也会一起加入“家庭停机场”的活动，他们可以选择一段时间全神贯注地陪伴你而不是看手机，你会发现大家交流和互动的时间更多，彼此的相处更愉快，亲子关系更加亲密。

测一测，手机给你带来了哪种满足？

想象一下，接下来你有 60 分钟的时间玩手机，你会打开哪些软件？在横线上写一写你常用的一些软件（不超过 10 个）。

____

____

____

不幸的消息是，此时手机只有 50% 的电了，你还有 60 分钟的时间玩手机，看看你刚刚写的那些软件，你只能选择其中 3 个，请你把多余的画掉。

时间过得可真快，手机只有 10% 的电了，你只有 20 分钟的时间玩手机了，看看最后的 3 个软件，虽然不舍，但你只能留下最后 1 个，请你把多余的画掉。

刚刚的过程对你来说是毫不犹豫还是非常困难呢？请你看看最后留下来的唯一的软件，选择它，一定是有原因的。它能在哪些方面让你获得满足呢？

①信息满足，生怕错过世界的变化，忽略重要的消息。

②娱乐满足，玩得开心，玩得有成就感。

③关系满足，在与别人的互动中得到关注和肯定。

如果是“信息满足”，可设置信息特别提醒，每天固定时间使用手机，从而消除生怕错过重要信息的焦虑。

如果是“娱乐满足”，可以尝试更多元的生活方式和娱乐方式，多参加和朋友一起的社交活动，制订使用手机的计划，请父母监督等。

如果是“关系满足”，那么需要思考在生活中有没有让你觉得健康、安全的亲子/同伴/师生关系。如果比起面对面的交流，你更喜欢网上的交流，可以和朋友探讨一下这个话题。

设置“手机停机场”

参考图中的“停机场”设计，试着设计一个属于你的“家庭停机场”。每个家庭情况不同、家庭规则不同，因此“停机场规则”可以在使用的过程中不断调整。

3 远离“键盘侠”

我在网上被别人骂了，要不要骂回去?

为什么有人总在网络上当“键盘侠”呢?在网络上，我们喜欢分享自己的生活、观点，但不可避免会遇到来自陌生人的“语言攻击”，甚至有的评论让我们觉得莫名其妙。对于这些人，我们要不要“攻击”回去?

最近偶像的新剧开播了，宋语昕在抖音上发了一个精心制作的偶像活动视频，没想到被路过的偶像黑粉给骂了，不光在这条视频下留言，还翻出宋语昕以前在抖音上发的视频进行留言，留言全是脏字。看着自己花了一个小时制作的视频被贴上各种污言秽语的标签、刷满难听的弹幕，宋语昕特别生气，她想一条一条骂回去，又觉得浪费时间。

她想在偶像的粉丝群里叫别人帮自己，却怕对方也叫更多人来骂自己，自己反而骂不过，可是不骂回去心里又憋得慌。这种感觉好像是自己在和空气生气，对方看不见、摸不着却又似乎无比强大，宋语昕不能像之前和爸爸妈妈生气时一样大声辩白，也不能像和好朋友赌气时一样过几天就重归于好。宋语昕能做的，只是把黑粉的评论都拉黑删除。晚上，宋语昕还是不解气，总想着那些难听的话，越想越憋屈。

1974 年，津巴多教授的著名实验发现，人们在隐去真实身份或互不了解的情况下，便会减少顾忌和压力，淋漓尽致地展现出自己最真实的一面。

津巴多教授把两辆外形亮丽的名贵跑车去掉车牌、拆除敞篷，分别放到热闹繁华、人来人往的纽约市区和人口稀疏的一个加州乡村城市。他想知道，究竟在哪个地方，车会保留得更久。结果发现，在纽约这个繁华都市里，来来往往的行人就像展开了一场拆车大赛，纷纷停下来卸走车上的东西。有的拆电瓶，有的清车厢，有的卸轮胎，很快这辆跑车就从纽约的街头消失得干干净净。而在人口稀疏、人们彼此认识的加州小镇，津巴多教授架设的摄像头监视了整整一个星期，都没有记录到有人对车下手。最后当津巴多不得不把车开回去时，竟然有热心人报警说有人偷车。这并不是因为纽约的居民道德更低下、人更冷漠，而是在纽约这样人口密度大的城市里，居民已经习惯了长期处于匿名和责任高度分散的情景中。于是，“我不做，别人也会做”的心态使他们变成了“偷车贼”。这种现象被称为匿名效应。

互联网给了大众公开讨论和表达的空间，比现实生活更加自由、真实，也让正义呐喊、真相调查和信息公开化成为可能。但是正因为网络的“匿名”让人产生“你不认识我，你看不见我，隔着屏幕也打不着我，我不需要为我所说所做负责任”的误解，人们更愿意在网上分享一些不会和身边人分享的非常私密的事情，也会表达一些不会和周围人诉说的情感、恐惧、愿望。不可避免地，就会出现比现实中更严厉的指责、愤怒、仇恨甚至威胁。

之前，上海的某位医生在一场发言中建议家长们早餐给孩子喝牛奶、吃鸡蛋，别喝粥，结果遭到了网友的抨击：

“我从小到大都喝粥很健康。”“这个专家不如我来当。”“崇洋媚外。”一夜间，铺天盖地的指责涌入评论区。事实上，张医生的本意是早餐要注重营养，不要光喝粥。“键盘侠”们并没有了解事情真相就断章取义。最可怕的是，他们不认为自己是在攻击别人，反而认为自己挺身而出、义正词严，甚至还有网友为了达到自己的目的而歪曲事实编造谎言。

我们现在常常说的“键盘侠”虽然带个“侠”字，却是个贬义词，指网络中那些对待别人的言行品头论足，实施道德绑架，对待自己则使用不同的道德标尺的“双

标人”。

虚拟账号是键盘侠的保护衣，键盘是他们的武器，他们认为自己掌握了真相，实际上却在行暴力之事。特别是“键盘侠”们“一呼百应”的传染性，极易吸引更多“吃瓜”不嫌事大的人，形成巨大的网络暴力，这种无形的暴力有时比拳打脚踢带来的伤害更大、更持久。

近年来，新闻中经常出现一些有关网络暴力的故事，受暴者的经历让人心疼，一些施暴者也得到了法律的惩罚。

我们一定要知道网络不是法外之地，无论如何气愤，都不要在社交平台上公开威胁、侮辱、诽谤别人；不要曝光别人的隐私，不要随意传播未经证实的信息，更加不要制造、传播谎言。对于虚假消息、不实言论，以及恶意攻击、蓄意炒作、危害民众的行为，我们可以及时举报。

有时我们无意间发布到网上的个人信息、隐私、照片、视频等都会成为“键盘侠”的目标，可能会被传播，甚至变成用来攻击你、伤害你的工具。那么，我们应该如何保护个人信息呢？

不要因为好奇随意点击上网过程中出现的弹窗及不明链接；不随意在网页上输入身份信息，包括家庭地址、学校名称、家庭电话号码、各类密码、父母身份、家庭经济状况等信息；不轻易相信网购退款、中奖信息和兼职信息；不要轻易输入包括银行账户在内的个人账号和密码；未经父母同意，不在网上发布自己的照片；好友之间涉及网上钱财往来一定要确认真假；你单独在家时，不要允许网上认识的朋友来你家。

记住，任何人在网上都可能匿名或改变性别等，一个给你写信的“12 岁女生”可能是一个 40 岁的男人。

如果你真的和可恶的“键盘侠”狭路相逢了，你可以采取以下措施来应对。

拒收攻击

尝试无视“键盘侠”通过网络发来的“攻击”。你要知道，有些键盘侠可能是在现实生活中遇到了不如意的事，没有办法发泄暴躁的情绪，于是到网络上找人吵架，还有一些人因为个人经历不同，所以坚定地认为自己说的就是对的，别人说的都是错的。

这些“攻击”就像陌生人送来一个“炸弹盒子”，你完全可以选择拒收，不给自己添麻烦。你只需要对自己说“我选择不接受这些话”即可，你还能通过拉黑、删除和投诉恶性言论等具体操作来表达“不接受”。

不回应

根据英国非政府组织反数字仇恨中心的说法，“无视”对阻止网络暴力至关重要。“键盘侠”总是在寻求关注，哪怕是负面关注。因此，你的任何回应都会挑起他的好胜心，促使他更加兴奋地进入战斗状态，所以更加用力地攻击你。

面对攻击时，不要“自证清白”，不管你说出多少真理、摆出多少事实，键盘侠都不会听你的。网络上有些人在遇到“键盘侠”以后气不打一处来，选择“下场硬刚”，认为自己是清白的、有理的，一定有更多网友站在自己这一边，可是却发现，他每说一句话，都会引来更多“键盘侠”的回击，而以一人之力真的很难应对数百名“键盘侠”，而且是根本讲不通道理的“键盘侠”。是啊，“键盘侠”本来就不是来听你讲道理的，而是来和你抬杠的。我们的时间如此宝贵，可以用来做更多有意义的事，和更多有趣的人在一起，所以还是不要浪费时间和“键盘侠”纠缠了。要相信，我们选择不与键盘侠正面“硬刚”，不是忍气吞声，不是默许其暴力举动，我们坚决反对网络暴力。我们是在用更智慧的方式抵制“键盘侠”，保护自己！

使用法律武器

言论自由绝不是伤害他人的理由，在网络上发表任何言论都应遵守法律法规，任何违法行为都将承担法律责任。必要的时候，你会选择使用以下哪些法律武器来保护自己（意愿度多高，就给几颗星星涂色）？

①现在各个网络平台都设有举报入口，你可以对侵犯个人名誉、肖像、隐私等的行为进行举报，有关部门会跟进核实。☆☆☆☆☆

②及时保留涉及网络暴力的视频、图片、录音等证据，说不定以后用得上。☆☆☆☆☆

③不要自己试图去应对，要主动寻求大人的帮助，让“键盘侠”付出该有的代价。☆☆☆☆☆

语言能伤人也能救人

有个班级买了两盆长得差不多的盆栽，每天给它们施一样的肥，浇一样的水，晒一样的太阳。左边那盆上写着“这株植物被霸凌”，右边则写着“这株植物被褒奖”。

学校老师找人提前录好音，然后把音频在植物“耳边”循环播放。左边的植物接收的全是难听的话：“你就是废物，你一无是处！”“你长得一点都不绿！”“你看起来像快烂了一样。”“讲真，你这货还活着吗？”相比起来，右边这株受到的待遇简直是天壤之别：“我喜欢你做自己的样子。”“一见你我就特开心。”“你真的很美！”“这个世界因你而改变。”就这样重复持续进行了30天，最后的实验结果可以说是在意料之外又在情理之中。左边那盆植物竟然给骂“枯”了，而右边那株每天被夸奖的植物则长得好好的。

语言的威力如此大，植物都能被影响，更何况是人呢？语言本身并没有对或错，关键是怎么用它。让我们一起坚决反对网络暴力，共同营造健康、和谐的网络环境。

4 反诈大明星

国家反诈中心 App 那么流行，为什么还会有人被骗？

你有没有看到过这样一条新闻？一天晚上，全国各地许多人收到了一条短信，大致意思是：你因涉嫌信贷诈骗，并且缺席法院出庭，已通过“天网”定位到你的具体位置，正通知当地执法部门和司法人员上门对你进行枪决，你需要结清欠款才可撤销执行。

这样一条短信，你一定会觉得不着边际，也能判断出该短信是一条离谱的诈骗短信。热心网友在网络上联系公安机关进行求证，微博账号“平安北京”很快对短信内容作了回应：“还能说什么？无语死了……真的无语死了……”如果你觉得这条短信的内容已经足够匪夷所思，更令人难以置信的是——还真的有人信了！现在国家反诈中心 App 那么流行，为什么还会有人被骗？

林子宸的班级要围绕“反诈知识”开展一次主题班会课，班主任安排他作为班会课主讲人，让他通过网络查阅资料，向同学们讲述一些生活中被骗的例子，以及防止被骗的注意事项。

子宸下载了“国家反诈中心”App，并在该软件上了解了众多案例。他震惊于各种诡计多端的诈骗套路，例如，有网友收到自称“快递客服”的电话，声称物流公司将他网购的物品遗失，现在要给他补偿，便给他发了一个不明链接，要求他填写身份证、银行卡号等信息，结果该网友填写后，银行卡里的钱不翼而飞。还有网友爆料，他在广场散步时有人拿着礼品找他推销，说只要扫描二维码加群，就可以免费获得礼物，该网友扫码进群后，群里有人邀请他做任务领现金，只要先交 399 元保证金，就可以每日轻轻松松赚 500 元，当网友交完保证金后，却提示他“已经被踢出群聊”……

子宸看着众多诈骗的事例，不由得纳闷起来：为什么一些明显是诈骗的陷阱，却依旧会有人往里跳呢？

生活中，诸如此类的诈骗陷阱屡见不鲜。我们但凡有一丝疏漏，骗子就会从“无知”和“贪心”的孔洞钻到我们的身边。

曾经有这样一个真实事件：某金融公司推出了一款理财产品，宣称只要存入一定的资金，就可以获得等同于存入银行十倍的收益！公司还说投入该理财产品的钱可以随时取回，让大家尽管放心投资。在铺天盖地的广告造势下，使用该理财产品的客户越来越多。在检验该理财产品真实有效后，初期尝到甜头的投资者们，不仅开始将自己的全部家产都用来购买该产品，还向其他朋友宣传，甚至借钱来投资！因此，该公司的理财产品像滚雪球般越滚越大，正当所有人都沉浸在“暴富”的美梦中时，突然有一天发现投入该理财产品的钱无法赎回了，这家公司跑路了！

人们这才意识到，一切都是骗局，为什么该理财产品会有如此高的收益？其实只不过是将别人新投进来的钱，当作利息支付给已经入局的人罢了。这种“你盯别人利息，别人盯你本金”的形式，就是金融学上鼎鼎有名的“庞氏骗局”。

为什么会有人明知是陷阱，却依旧往里面跳？其实他们都清楚，这座用纸牌搭起来的大楼迟早有一天会崩塌。“只要在崩塌之前悬崖勒马，不就可以了吗？”——每个被骗的人可能都曾这么想过，这就是心理学讲的“自我服务偏见”：我们习惯于从好的角度去解释自己，将成功归于自身的能力，将失败归于外部环境的变化；在对待事情时，会盲目乐观地认为自己就是幸运的，不幸只会发生在其他人身上。

所以，抱着这种“我很特殊”的想法，人们就会不顾危机，从而做出较多的风险行为，如赌博等。实际上，在沾满蜂蜜的陷阱面前，上钩的往往正是这些觉得自己是“幸运儿”的人。

上述“庞氏骗局”中，就是因为大家都抱着“我肯定会在公司倒闭之前，及时地撤回自己的资金”的想法，才使得悲剧发生。数十万人在此次骗局中被骗，有的家庭更是被掏空了一辈子的资产。

虽然该骗局的犯罪嫌疑人早已落马，但由于大笔钱款已经无法追回，时日至今，依旧有数万人在等待拿回自己的钱，但谁都知道，这只是一个美好的祈愿罢了。

除了“自我服务偏差”外，“无防备心理”也是导致被骗的原因之一。在众多诈骗案例中，老人和青少年成为主要的被骗对象。

青少年涉世不深、思想单纯，对社会缺乏防备心理；而老人则因为社会更新迭代快，特别是在智能手机时代，他们往往对信息的发展应接不暇，因此两者都很容易跌入诈骗陷阱。比如，经常可以听到某某学生在网络中为购买虚拟游戏装备向陌生网友转账被骗的事例，也能听到老人轻信短信返利，结果被骗上万元钱的新闻。

有些骗子正是利用我们的“无防备心理”，特别是对于亲人、朋友的信任，在诈骗套路上给予我们深刻的教训：有骗子在微信上冒充你的同学、好友向你求助，说自己着急用钱，请求你给他转账；还有人会找你换钱，比如，把微信支付账户里的钱换成支付宝账户里的钱，当你给他转账后，才发现此“同学”并非你的同学，而此时你的钱款已经收不回来……

近期有一条新闻，某大学生临近毕业找工作，他的一位远房表哥给他介绍了一份在海外的高薪工作，该学生喜滋滋地接受邀请，踏上了前往缅甸的飞机，结果一去就再也没回来，直到警方在缅甸捣毁了一个电信诈骗团伙，该大学生才被解救出来。原来，他被表哥骗到缅甸做电信诈骗，每天食不果腹，不完成诈骗任务还会遭到殴打。

“害人之心不可有，防人之心不可无。”我们不做作恶多端的小人，但是对人也不能毫无防备之心，平时与人相处要多留一个心眼，不然下一个受伤的可能就会是我们。

识破问题小能手

假如你遇到以下问题，想一想，你会如何处理？你可以将你的想法讲给父母听，请他们来帮你判断。

①你用妈妈的手机点了一份外卖，付完钱后手机弹出一个网站窗口，邀请你抽奖。

你好奇地点击抽奖后，网站提示你中了二等奖，获得空调一台，接下来需要你填写个人信息以领取该奖品。

②爸爸妈妈带你在公园散步，有一个人正拿着一堆“青蛙气球”，你很喜欢，便想让爸爸妈妈给你买。这个人却说气球不买只送，只要你用手机扫描二维码添加他的微信就会送你一个气球。

③有一天，你突然收到好朋友发来的QQ消息，说自己有紧急事，向你借100元钱。

你手里确实有这个钱，但你不确定这个好朋友是不是别人冒充的，同时你又担心万一真是自己好朋友有困难，自己肯定要帮助他。

④你下载了一个新的社交软件“谈谈”，注册不久有一个陌生异性添加你为好友，他说自己是你的校友，很早就留意到你，对你有好感，在这个暑假，他舅舅家有免费去厦门旅游的活动，想邀请你一起去。

反诈知识在我心

国家正在从整个社会层面提高大家的反诈意识，并开发了“国家反诈中心”App，里面不仅有众多真实的诈骗案例，也有很多反诈骗的注意事项。请你下载这个App，并抄录或总结一些反诈骗的注意事项。